津田梅子

・人と思想

古木 宜志子 著

116

CenturyBooks 清水書院

目次

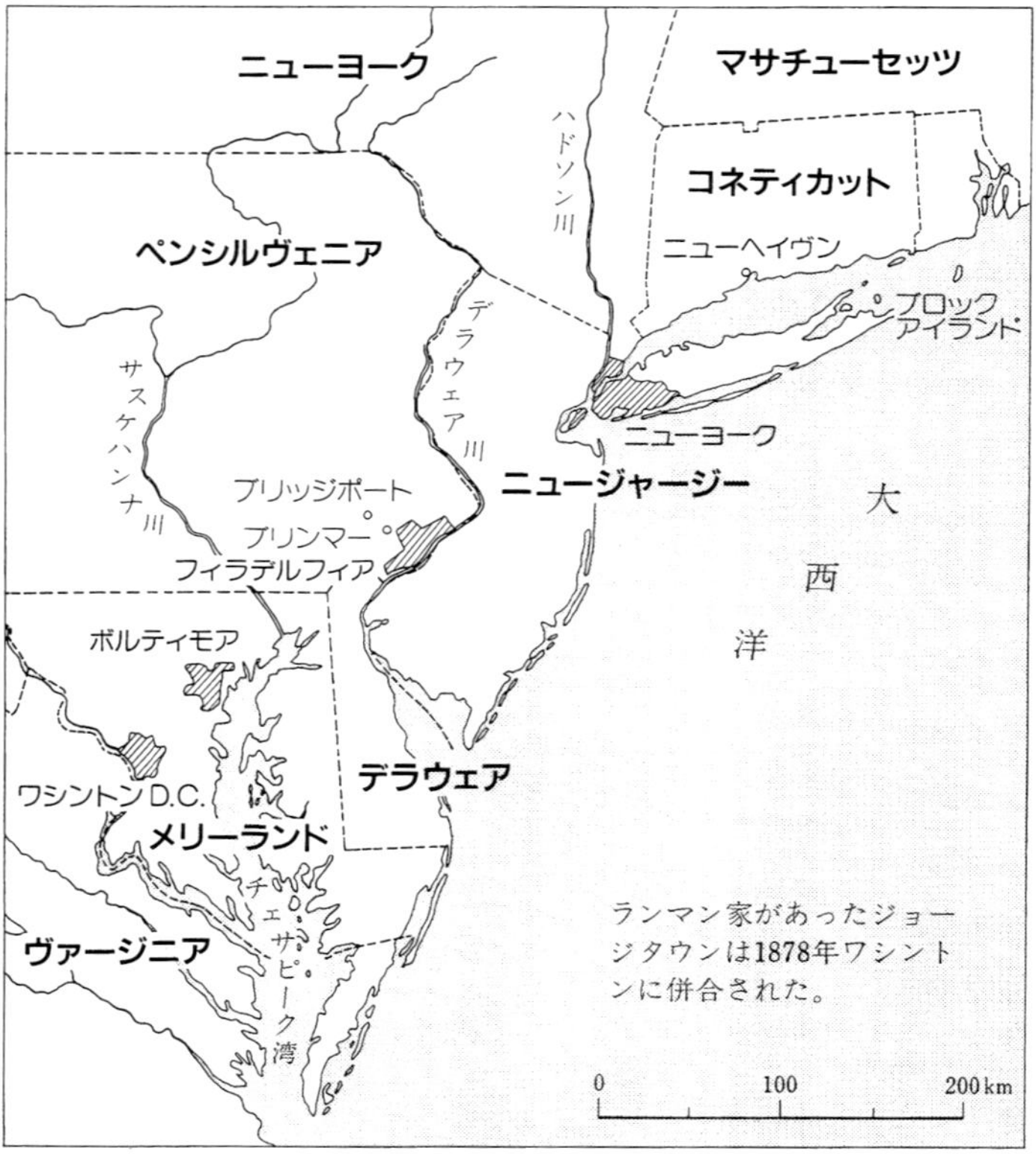

ニューヨーク
マサチューセッツ
ハドソン川
コネティカット
ペンシルヴェニア
ニューヘイヴン
ブロックアイランド
デラウェア川
サスケハンナ川
ニューヨーク
ニュージャージー
ブリッジポート
ブリンマー
フィラデルフィア
大西洋
ボルティモア
ワシントンD.C.
デラウェア
メリーランド
チェサピーク湾
ヴァージニア
ランマン家があったジョージタウンは1878年ワシントンに併合された。
0
100
200km

津田梅子関係地図

第一章　渡米とその背景

小さな使節団

一八七一年も暮れようとしていた一二月のある日、港横浜にはおびただしい数の人が押し寄せ、異常な熱気がみなぎっていた。四年を数えたばかりの新生日本が、その力を試すべく欧米各国に使節団を送りだす日であった。翌七二年に通商条約の改定を控え、日本は治外法権の条項を撤廃させ、諸国と対等の地位を得ようとしていた。その意気込みは使節団の構成からもうかがえた。

全権大使には岩倉具視（右大臣）、副使には木戸孝允（参議）、大久保利通（大蔵卿）、伊藤博文（工部大輔）、山口尚芳（外務少輔）が名を連ね、あたかも内閣の半分に相当する陣容であった。さらに、外務、工部、法務、大蔵、陸軍、宮内各省のエリート官僚を加えたこの使節団は、規模においても質においても前例を見ないものであった。使節団に同行する士族・学生合わせて一〇七名に及ぶ男性ばかりの集団にはおよそ似つかわしくない、付け足しのように五人の少女が加わっていた。北海道開拓使が募集した日本で最初の女子留学生である。

山口芳春が描いた船出の情景では、汽船に向かう五人の少女と後見役を務めるディロング夫人が画面右下の隅の小船に乗っているのが見える。小さくて表情など見えるはずもないが、朱の地に刺繍を施した着物を着た梅子はひときわ小さく、婦人に身を預けているように見える。梅子はこの一〇日後、太平洋を横断中に七歳の誕生日を迎える。

優美な姿を画面中央に見せるアメリカ丸は四五〇〇トンの外輪船で、俊足で知られていた。喧騒の中、使節団のために一九発、帰国するアメリカ大使チャールズ・ディロングのために一五発の礼砲が鳴らされ、その轟《とどろき》の中、二三日正午、錨は上げられた。

これより一か月前、明治天皇は宮中に貴顕を招き晩餐会を催しているが、その際に岩倉使節団の任務に触れ、西洋の文物を学ぶ、という目的を強調している。条約改定の交渉は表立って触れるわけにはいかなかったからであるが、事実その目的は果たせなかったので、岩倉使節団は表向きの目的通り、のちに「学習する一大集団」として記憶される。この点で国を代表する大きな使節団と五人の少女の小さな使節団は共通する使命を担ったことになる。

岩倉使節団が訪ねたのは予定の一五か国ではなく一二か国であったが、視察に費やされた時間は予定のほぼ二倍の一年九か月と三週間に及んだ。その足蹟は久米邦武によって『特命全権大使米欧回覧実記』五巻にまとめられ、扉には岩倉自らが「観光」の二文字を力強い筆で記した。

山口芳春画　岩倉使節団の横浜港出発図　右下小船の左から５人目が梅子。沖合の外輪船は一行の乗船を待つ「アメリカ丸」。

「観光」とは物見遊山ではなく、まさに「光を観る」（目を開かされる）旅であった。こうしてもたらされた学習の成果は、目に見える文物・制度として日本に導入され、使節団の派遣は文明開化の大きな節目として歴史に留められる。

一方、ワシントンまで同道した少女たちは、ほとんど忘れ去られてしまう。彼女たちに与えられた任務は、一〇年という長い歳月をかけ、アメリカ式の教育を身につけることであった。この気の長い務めには大使節団の華やかさもなく、人の目を引く即効性も望めなかった。彼女たちのその後は、公式の記録に留めるほどの価値もないかに見えた。

旅路

梅子は「イエス」、「ノー」、「サンキュー」程度の単語を教えられて船上の人となった。わずかでも娘の役に立つかと父仙《せん》は英語の入門書とポケットサイズの「英和小辞典」(1)を持たせた。行李《こうり》の中には娘を慰める絵草紙、人形なども詰めてやった。

二三日間にわたる船旅は決して楽しいものではなかった。船中は混んでいたので、五人の少女はひとつの船室しかあてがわれなかった。皆ひどい船酔いに苦しんだ。ディロング夫人は日本語を話せず、少女たちの世話をするメイドもほとんど日本語を知らなかった。

四半世紀もあとに梅子が書いた「思い出」(2)には、気分のよいときに船中を探検して回り、立派なサロンや食堂を覗いたり、巨大なエンジンや機械に感嘆し、立派な体格の外国人航海士を仰ぎ見る様子などが描かれているが、彼女たちの誰もが触れたくないエピソードもあった。

年長の少女のひとりが、二等書記官に悪戯をされた、という事件である。佐々木高行は「戯れたることあり」と抽象的に日記に記しているが、少女からの訴えがあったので、洋行帰りの書記官たちが、西洋ではこうするものだ、という意見に従い模擬裁判を開くことになった。佐々木はそのような真似をして恥をさらすことを快く思わなかった。(3)「被告」の長野桂次郎に至っては日記に「航海ノ徒々《つれづれ》ニ戯ニ裁判ヲ設ケシ等ノ一奇談アリシ」と片付けているのである。(4)

司法大輔であった佐々木も正義が行われることよりも国の体面を気にした節がある。エリート官僚の女性に対する態度がこの程度であったことを示す悲しい事件であった。

アメリカの歓迎ぶり

一八七二年一月一五日、一行は深い霧が夜明けとともに散っていく中をサンフランシスコに到着、盛大な歓迎を受けた。宿泊先のグランドホテルには市民が押し寄せ、夜には楽隊のセレナードまでくり出した。(5)

二、三日の滞在予定は、東行きの汽車が雪で運行を妨げられたため二週間に延びたが、その間も大使一行は手厚いもてなしを受けた。新聞には連日日本に関する記事が載せられ、「中国人と違い、よき模範を示せば誇り高い日本人はやがて目を見張るような進歩を遂げるだろう」と日本を持ち上げた。(6)

梅子が留学出発時に
着ていた着物。

洋装の5人の少女　左から永井繁子、上田貞子、吉益亮子、
津田梅子、山川捨松

少女たちはホテルの一室で肩を寄せ合って出発を待っていた。黒人のウェイターを初めて見たときの怖さ、アメリカの婦人に連れていかれ、部屋で子供たちと遊んだあと連れ戻されたときの安堵と喜びを梅子は「思い出」に綴っている。

東へ向けて一行が乗った大陸横断鉄道は開通して三年しかたっていなかった。使節団を感嘆させる文明の証しのひとつであったが、その威力をも阻むほどの大雪で旅は中断され、ワシントンまで二か月もかかった。雪の照り返しで少女のひとりは目を痛めた。

道中好奇の目で見られるのを嫌って、少女たちは洋服を買ってほしいとせがんだが、ディロング夫人は応じなかった。アメリカに着いて数か月後、まだたどたどしい英語で書いた作文で梅子は「初めは好きだったけど、みな夫人が嫌いになった。」と書いている。のちに書いた「思い出」では、夫人は少女たちが見せ物として人々の目を引くのを楽しんでいたのだ、とも言っている。岩倉大使に直訴して洋服を買ってもらったのはシカゴについてからである。

ワシントンで汽車から降りたのは「目も見えないほどの」猛吹雪の中であった。体に合わない服と赤いケープに身を包み、ここが旅の終わりだと知らされたとき、少女たちはどれほど心細かったことか。なぜ、何のために自分たちがここにいるのか、それさえ忘れていたとしても不思議ではない。

少女たちは日本を発つ前に、皇后に謁見するという、前例のない栄誉を与えられていた。梅子は皇居の荘重な石垣、厳かな雰囲気、女官たちの衣ずれの音、「御《み》簾《す》の向こうにおわします尊いお方」の存在などをおぼろげに覚えていた。帰りには各々ちりめん一匹、菓子一折と次のお沙汰書を渡された。

その方女子にして洋学修行の志誠に神妙の事に候。追々女学御取建の儀に候へば成業帰朝の上は婦女の模範とも相成候様心掛け日夜勉励可致事

宮中晩餐会が開かれた際、天皇も女子の教育について触れているが、その主旨は子供の養育に最も重要な役割を果たす母親となる女子の教育が、いかに緊要であるかを説いたものであった。岩倉使節団に同行する「小さな使節団」に関わる一節である。彼女たちは「文明」の道を歩む最初の女性たちであった。

留学生の任務

道を切り拓いて行く者に試練はつきものである。横浜まで見送りに来た梅子のおばは埠頭に集う人々が、あんないたいけない娘を「アメリカ三界」にやるなんて「父親はともかく、母親の心はまるで鬼でしょう」と囁き合うのを耳にした、と言われる。(7)

無知な人たちは、まだ外国人は魔術を使って人の生血を吸う、とか電信柱は処女の血を塗っているから超自然の力を持っている、とか信じていた時代である。少女たちを憐れむ声がもれても不思議ではなかった。

皇后謁見のあと撮影した記念写真　左から上田貞子、永井繁子、山川捨松、津田梅子、吉益亮子

少女たちの役割を考えるとき、思い出されるのは奇しくも同じころ富岡製糸工場に狩り出された少女たちのことである。国策事業として近代的設備を整え、フランスから技師と指導に当たる女工を招いたものの、外国人を恐れて女工に応募する者がなく工場の稼働が危ぶまれた。

工場長は自らの娘を女工第一号として登録させ範を示した。井上馨の姪も二名加わった。その後も人集めに苦労した結果、半強制的に各地から集められた女工五五六名の大半は武士の娘であったという。彼女たちは「お国のために働くのです。」と諭《さと》された。

女工と留学生。一見余りにも違う境遇に思えるが、文明開化を求め、富国強兵を目指して女性を動員した事業の一端を担わされた、という点で彼女たちの任務は共通している。

時の教育事情

文明開化を鼓吹する政府はエリートを海外に送り、学ばせる一方、国内でも教育の普及に強い意気込みを見せた。

自今以後一般の人民華士農工商及び婦女子、必ず邑《むら》に不学の戸なく、家に不学の人なからしめんことを期す。

と学問を奨励した太政官布告と学制の発布（一八七二）はその意気込みを物語る。

五人の少女が派遣されたその年、同じ月に明治政府は、東京神田一橋に最初の女学校を設け、翌一八七二年二月に開校した。（少女たちがワシントンに着いた月である。）一一月にはこれを竹平町に移して東京女学校と称した。（梅子はその頃アメリカの小学校に入学した。）国内でのこの展開と比べると女子留学生の派遣は驚くべき早さであった。

のちに福地源一郎は「小さな娘さん達をば、わざわざアメリカまでやったあの奮発というものが、今日の日本婦人をして知識を啓発せしむる上に余程の力を持っているだろうと思われる。(8)」と言っているが、この「奮発」の内容を今一度検討してみる必要があろう。

女子教育に着手し、あるいは天皇自らがその必要を世に宣言したのはどれほど自発的なものであったか、という点である。

女子学生のアメリカ派遣について、従来の記録では、そして梅子の伝記を書いた吉川利一、山崎孝子両氏とも北海道開拓使の役割についてしか触れていない。

確かに開拓使次官であった黒田清隆が一八七〇年、二度にわたる滞米視察ののち政府に提出した建議書がきっかけとなった。その中で、黒田は三段論法を用いて、北海道の開拓と女子教育を結びつけている。その要旨を平たく言えば、開拓には有能な人材が必要で、有能な人材を育てるには教養ある母親が必要である。そのためには女子の教育を振興すべきである、というものであった。

黒田のこの考えは、アメリカの女性たちを観察し、そのすばらしさの秘密を尋ね、さらに駐米弁務官森有礼と語り合ったことに基づいている。(9) その森の支持もあって女子留学生派遣は急速に実行に移された。

しかし、右の、日本人の働きの陰にあったアメリカ人の働きを見落としてはならない。ウィリアム・エリオット・グリフィスは、岩倉使節団の「事実上の立案者」であるフルベッキが、女子教育の振興についても関わっていたことを示唆している。

フルベッキは使節団の出発に先立ち、アメリカにいる友人ドアマス夫人に手紙を送り、岩倉に会見する際には女性を数人同伴させ、女子教育の必要性を説いてほしい、と頼んでいる。(10)(興味深いことに、フルベッキは友人フェリス宛の手紙で、自分が日本で信頼されているのは、自分の働き、自分が知っていることを決して他言しないからだ、とも書いている。あくまでも陰の立役者であった。)

すでに一八六九年に、フルベッキは使節団の構想を書いて大隈重信に渡してあったが、使節団が実際に派遣される直前に天皇の謁見を許され、さらにアメリカ大使、大隈を交えて計画を「項目ごとに」細かく検討する作業に加わっている。このことは彼の関与の深さを示す。晩餐会で天皇が女子教育について触れることも知っていたはずである。

周知のように女子留学生派遣の二年後、国内において女子師範学校の設立を含め、教育に関する意見をまとめたのは、これもアメリカ人マーレーである。

女子教育の建前と本音

ここでこれら外国人をあげるのは、黒田や森の働きを評価しないからではない。女子教育についての認識が日本政府にどれほどあったか、どの程度に自発的なものであったか、まさにそのことが女子留学生たちの運命に深く関わっていたからである。

事実一八七八年、国内各地の学校を明治天皇が視察したあと、教育方針はすっかり反動化している。女子留学生についても、一時の「奮発」から派遣したものの、一〇年後に帰国する彼女たちを活《い》かすような計画性に欠けていたことは、その後の展開から分かる。

女子教育の着手は、強き民を育てるために「教養ある母」を育てるという、いたってプラグマティックな考えが本当の動機であり、文明開化に向けてのあらゆる努力の中で、女子をも「お国のため」に狩り出し、働かせよう、というのが本音であったろう。

『女大学』やそれを含む『女有識見栄文庫』を修めた程度の女性では近代国家に不充分である、

と一部の識者は思っていたかも知れないが、国としては決して西洋で考える「教養ある婦人」を求めたわけではない。

もっとも、女子教育に日本が力を入れ始めた、というジェスチャーは内外に、特に外国に対し自国の進歩性を宣揚する効果はあった。しかしアメリカで教育を終えた三人の女子留学生は、政府の意図を越えるまでに教育されてしまうのである。留学を終えた彼女たちを迎え入れることになったときの国の対処の仕方には、戸惑いさえ感じられる。

彼女たちの中から女子高等教育の芽が萌え出したのは、国家百年の計が実った、というよりはむしろ偶然であり、失望にめげずに初志を貫いた女性がいたからである。

第一章 註

（1） *A Pocket Edition of Japanese Equivalents for the Most Common English Words.* ヘップバーン（ヘボン）の辞書による、とあり、印刷者は「芝柴井町松本」となっている。吉川利一『津田梅子伝』四七—四八頁。

（2） "Japanese Women Emancipated" という題で *The Chicago Record* 紙、一八九七・二・二七掲載。*The Writings of Umeko Tsuda*（rev. eb. 1984）, pp.77—84 所収。以下 *The Writings* と略す。

（3） 『反古拾日記』第五巻、二四四頁。

（4）田中彰『脱亜の明治維新』、一五―一七頁。
（5）Charles Lanman, *The Japanese in America*, p.11.
（6）*Daily Evening Bulletin* 紙。Lanman, *The Japanese in America*, p.21 に引用。
（7）吉川　四六頁。
（8）一九〇二年、華族会館で開かれた岩倉使節団派遣三十年記念の「同窓会」席上での懐古談。梅子も捨松、繁子と出席した。（吉川一〇頁）
（9）Lanman, *The Japanese in America*, p.45.
（10）William Elliot Griffis, *The Mikado's Empire*, p.256.

第二章　最初の女子留学生

応募した五人の少女

開拓使の女子留学生募集に応じたのは少女たち本人ではなく、その保護者であるが、彼らは皆士族の出で、明治維新の「敗者」であったという共通点を持つ。吉益亮、上田貞は一四歳、山川捨松一一歳、永井繁八歳、津田梅六歳であった。（捨松を除く四人はのちに名前に「子」を加えた。）

年長のふたりは渡米一〇か月足らずで帰国することになる。貞は個人的理由、亮は眼を病んで、とされているが、(1) 異国になじむには年を取りすぎていたのであろう。

亮は一八八五年になって英語塾を開くが、その直後にコレラにかかって他界。貞は医者と結婚するが、志を果たさなかった後ろめたさからか、あとの三人と行き来がなく、三人と再会するのは四〇年以上たった一九一六年で、それが最後となった。

梅子、繁子と捨松は、英語で自分たちのことを「ザ・トリオ」と称し、終生の友人となった。

繁子（留学当時は繁）は佐渡奉行属役増田孝義の四女として生まれた。七人兄弟のうち五人が幼くして病死したことから、長兄孝は繁子が五歳のとき、自分の元同僚で軍医の永井玄栄のもとへ養女に出した。

孝は一八六三年、父孝義とともに藩主に随行してヨーロッパを訪ねており、またハリスが江戸に滞在していた一八五六年頃、幕府に命じられてアメリカ弁務使公館に詰めていたことがあり、そこで接したアメリカ人に好感を抱いていた。女子留学生の募集を知り、孝は永井を説得して繁子を応募させた、と伝えられる。

捨松は会津藩郡奉行主役山川尚江《ひさえ》の末娘で、会津若松で生まれた。一二人の兄弟中五人は夭折し、残る七人は父を亡くしてから祖父母に育てられた。祖父重英は会津藩家老を務めた人物である。捨松は八歳で会津若松城の落城を体験し、「火玉抑え」で負傷した義姉の死に遭遇している。

松平家がお家再興を許されて斗南《となみ》に移ってからも辛苦の日々は続いた。わずか一歳半の松平容大に代わり藩士たちを率いて不毛の地で旧藩の指揮を取ったのは、捨松の長兄浩であった。石高が三分の一以下に減り、藩士とその家族たちは馬の飼料である豆や海草の根、果ては犬の肉まで食用し、土地の者から「乞食さむらい」と嘲笑われた。

そんな中、捨松は手内職までして家計を助けたといわれる。やがて本島最果ての斗南から、海峡をはさんだ函館のロシア正教会の牧師のもとに預けられる。のちにアメリカ人の友人たちに、フランス人の家に寄宿していたと捨松は語っているので、その牧師のもとからフランス人宣教師の家に預けられたのであろう。

捨松と前後して兄健次郎はアメリカへ、姉双葉もロシアに渡っている。母親の教育熱心がこのことからもうかがえるが、それほど困窮していたことも事実である。

娘の渡米に先立ち、幼名咲を「捨松」と変えたのは母親で、「捨てたつもりでアメリカへ行かせるが、帰りを待つ」という悲愴な気持がその名にはこめられていたという(2)。

こうして繁子も捨松も養女に出され、あるいは預けられた先から、保護者である養父と兄によって留学志願が出されたのである。

梅子の場合二つの点で違っていた。梅子は生家から送り出されて留学したこと。父親の仙は五人の保護者のうち、ただひとり自らアメリカを体験していたことである。物心つくかつかぬかの六歳の娘をアメリカに行かせる決断を下した仙には、この留学について相当の認識があったと思われる。

津田仙と西洋との出会い

梅子の父、仙は天保八（一八三七）年に下総佐倉の城内曲輪《くるわ》で生まれた。父は小島善右衛門良親といい、佐倉藩主の家臣で勘定頭元締として藩の財政を預かっていた。

梅子の父　津田仙

仙は藩士の子弟のために設けられた城門内の西塾に学んだ。体は小さいが聡明だったらしく「生長」（級長）を務めた。一五歳で同じく藩の設ける温故堂に進んだが、訓詁解釈に重きをおく漢籍には興味が湧かなかったようで、手記には覚えが悪く両親に叱られて、ようやく勉強したと思い出を語っている。しかし剣道、馬術には秀でていた。(3)

『蘭学事始』が世に出たのは仙が生まれる約二〇年前で、西洋への関心は進歩的な人々の間に強まっていた。開国を主張する佐倉藩主堀田は「蘭癖」（オランダかぶれ）を噂されるほど進んで西洋のものを導入していた。その影響もあって、仙は藩が導入した西洋の砲術には強い興味を示し、西洋に対する関心を深めた。

しかし仙にさらに大きな衝撃を与えた西洋との出会いは、ペリー提督率いる黒船を目にしたことである。当時仙は江戸湾警護のための砲兵隊に配属されていた。敵意を抱くべき黒船に西洋文明技術の体現を見たのは皮肉である。それは一七歳の青年の目を啓《ひら》く体験であり、そのインパクトの程はその後仙のたどった道を見れば想像がつく。

このあと仙は、一四歳のときに養子に入った桜井家との縁を切り、江戸に出て語学の修業を始める。西洋文明を吸収する手段としてまず語学を身につけることを決心したのである。

一八五〇年代に英語を学ぶ苦労がどんなものであったか。(4)それを物語るという意味で、仙の涙ぐましい努力は語学を教える者に格別の興味を抱かせる。

仙はまず蕃書調所（幕府が一八五六年に設立した蘭学研究所）の教授でもあった手塚律蔵の私塾に一年間通い、オランダ語の文法を学んだ。英語を学びたいと思っても教授する学校などまだなかったからである。

友人の西周《あまね》が『英語文法基本問答集』[5]を手に入れたと聞くや早速これを借りて写し、ピッカード編の『英蘭・蘭英小辞典』[6]を頼りに逐語訳で英文法を学ぼうとした。労多くしてほとんど報われない試みであった。

やがて伊藤貫斎が神田に英語塾を開いたことを知り、仙は直ちに入門する。貫斎は下田滞在中に熱病にかかったハリス提督の治療に当たった蘭医で、その折ハリスの通訳ヒュースケンから英語を学んだといわれる。仙が貫斎から学んだ英語の程度はごく初歩のものであったと思われる。

一八五九年、仙は「本物の」英語を学ぶため横浜に赴いた。（ヘボン式ローマ字の考案者で、のちに最初の「和英辞典」を編纂するジェームズ・カーティス・ヘップバーンが来日した年のことである。）仙は福地源一郎の家に下宿して英国人の医師に英語を学んだ。

翌年江戸に戻り、しばらく森山多吉郎の塾にも通ったそうである。語学を始めてから約五年、仙は一八六二年、幕府の外国奉行の通弁（通訳）に採用された。アメリカに続き西欧各国から通商条約の締結を迫られ、一八五九年に外国奉行を設けた幕府は、外国語のできる人材を必要としていた。

仙にとって幸運なめぐり合わせであった。

一八六七年、仙は小野友五郎の随員として訪米する。随員には尺振八、福沢諭吉もいた。この使節団の役目はあまり愉快なものではなかった。アメリカに発注した二隻の軍艦のうち一隻しか届かないので催促をするのが使節団の任務であった。

にもかかわらず仙にとって、アメリカとの出会いは忘れ得ぬものとなった。黒船に目を啓かれてから一三年、間接的には日本に取入れられた文物により西洋を知る機会は増えたとはいえ、直接の体験は大きな衝撃を与えた。

約五か月の滞在中、仙は生活のあらゆる場面で技術文明の発達を確認したわけであるが、なかでも科学に裏打ちされた農業と民主主義の気風に感銘を受けた。

上陸したサンフランシスコで髷《まげ》を落として妻に送ったのも、髪結いがいないので面倒だからという手紙が添えてあったが、それ以上に象徴的な意味があったと思われる。(散髪脱刀令が発布されるのは四年後である。) 武士のしるしなど過去の代物と思ったのであろう。帰りにはその年ヘンリー・ハーツホーンが出版した医学書(7)を携えていた。日本で役に立ちそうなものであり、仙にとっては文明の象徴であった。

帰国した仙は通弁兼洋学教授として新しい任地新潟へ単身赴くことになる。世は大政奉還、維新で大きく揺れていた。アメリカで意識変革を経た仙の人生もこのあと目まぐるしく変わる。その後の生き方には西洋に目を向け、新しい物に挑戦する姿が認められる。

梅子の誕生と仙

外国奉行の通弁に任用される前年、仙は津田栄七の次女初子と結婚、婿養子となった。通弁になった一八六二年末には長女琴子が生まれた。同じ年に生麦事件、北品川御殿山の英国公使館焼き討ちなど不穏な出来事が相次ぎ、攘夷論が叫ばれていた。武士の息子として、また変転目まぐるしい世の中を見るにつけ、仙が男の子を欲しがったのは無理もない。

長女琴子についで二年後、一八六四年一二月三一日に生まれたのがまた女の子であると知ると、失望した仙は赤子の顔も見ずに家を飛び出し、その夜は帰宅しなかった。

お七夜を過ぎても娘に名前をつけようとさえしないので、困った初子は枕元の盆栽の梅が二、三輪ほころびているのを見て、それに因《ちな》んでむめ（梅）と名づけた。（梅子と現代風に改めたのは一九〇二年になってからである。）

梅は二月の花である。一二月に生まれた娘には季節はずれの命名である。中国で「寒中三友」のひとつに数えられる唯一の花、梅は厳寒によく堪え、春の先駆けとして咲き、強靱、高尚な風姿は文人、画家に好んで描かれた。

のちに梅子の生涯の友となるアナ・ハーツホーンによると梅子はこの名が大変気に入っていて、

梅子と母、初子

その意味についてよく触れたという。梅子の伝記に備えて用意していた覚え書で、アナは梅を「武家の女性を象徴する花」であると説明している。

娘の出生に冷淡であった仙の態度に大きな変化が起きた原因は、アメリカの体験であると推測される。琴子は三歳にならないうちに母方の伯父の所へ養女に出された。その翌年、待望の長男八朔（のちに元親）が生まれる。梅子が二歳になる前のことである。梅子が琴子と同じように養女に出されたとしても不思議ではない。ところが梅子が二歳になった直後に仙は訪米する機会にめぐり合った。そして帰国後二つの決意をした。ひとつは梅子の教育、いまひとつは自分の仕事についてである。

新潟在任中の仙は長崎への出張の途中嵐に会い、横浜で足止めされた際、初子に手紙をしたため、「お梅には読物初めさせ候う様いたしたく、毎朝夕時刻を定め、御教え下され度く候」と指示している（一八六八年八月）。

梅子はまだ四歳になっていなかった。（梅子がアメリカから親に宛てた初期の手紙が毛筆で書かれた立派な候文であったことはこれでうなずける。）琴子にも同じことを始めさせるよう養家に伝えるよう書き添えてあった。

梅子を手元におき、しかも早期の教育を始めさせたのは、仙の意識に変化が起こったからであろう。

梅子の留学

仙自身この時期に身の振り方について大きな決心を下し官職を退く。完成間もないホテル館に勤めることにしたのである。ホテル館は外国人居留地の築地に一八六九年完成した。都下唯一の洋風ホテルで、外国人の宿泊施設と交易所を兼ねていた。この職が仙の興味をひいたのは、ここが外国に向けて開かれた日本の窓であり、外国との接点であったからと推測される。

滞在客に缶詰ではなく、新鮮な西洋野菜を提供することを思いついた仙は、野菜、果物を導入して栽培し始めた。アメリカで興味をそそられた農業に仙はこうして着手した。トマト、アスパラガス、オランダのいちご、アメリカのりんご、グーズベリーなどを日本に初めて導入したのは仙である。

農業に取組み始めた仙は一年ほどでホテル館をやめ、北海道開拓使の嘱託となり、麻布本村町に本格的な農園を作った。開拓使次官黒田清隆が米欧視察を終え、アメリカ農務局長ホラス・キャプロンを顧問として招いて帰国した年である。

キャプロン歓迎のパーティーには岩倉、木戸、板垣、大隈など政府高官に混じって、仙は唯一の民間人として招かれた。英語の知識もさることながら、西洋農業については日本における先達であったからである。

右のパーティーの席上、開拓使の事業の一環として女子留学生募集の話を仙は聞いたと思われる。西洋の知識を吸収するためにあれほどの努力をした仙が、この話に抱いた興味の程は想像がつく。三十半ばに達した自分の代わりに娘にこんな機会を与えてやれたら、という思いもあったろう。

仙が生涯を捧げた農業にかこつけていうならば、梅が移植によってどう育つか、という科学的実験であったともいえる。少女たちを「人身御供」のように見なす人たちのいる中で、娘の留学についての仙の認識はもっと深く、先見的であったと思われる。

梅子は渡米後間もない頃に書いた作文の中で「はじめは姉が来るはずでした。でも家からこんなに遠く離れたところへ来るのはいやだというのでわたしが来ました。」と書いている。線をひいて消したもとの文には「わたしだって父や母の元を離れるのはいやでしたが来たかったのです。」となっている。(8) 子供ながらこの文章を読む人（特に里親となったランマン夫妻）に気づかって変えたのであろう。

従来の伝記では触れていないことであるが、琴子の代わりに梅子がアメリカへ行くことになったのだとすれば、梅子が最年少の女子留学生となったことは偶然にすぎない。その偶然の運命にやがて自ら必然的な意義を与えたからこそ梅子の生涯は注目に値するのである。

第二章　註

（1）ランマン覚え書。津田梅子資料室蔵。
（2）久野明子『鹿鳴館の貴婦人』五六―五七頁。
（3）吉川　六―七頁。
（4）吉川　二六―二九頁。
（5）*The Elementary Catechism, English Grammar.* 中浜（ジョン）万次郎が持ち帰ったものといわれる。吉川　二七頁。
（6）*A New Pocket Dictionary of the English-Dutch and Dutch-English Languages* (1843). 吉川　二八頁。編者の姓 Picard は Piccard の誤りであろう。
（7）*Essentials of the Principles and Practice of Medicine* (1867). 桑田衡平がこれを訳し、『内科要摘』として明治五年（一八七二）に出版。吉川　二五一頁。
（8）津田梅子資料室蔵。

第三章　アメリカ時代

ランマン家に預けられて間もない頃の梅子

ワシントンの共同生活

五人の少女は当時のワシントン駐在弁務公使森有礼に迎えられるが、梅子を見て森は「どうすればいいんだ。こんな幼い子《ベイビー》をよこして!」と悲鳴を上げた、とランマン氏は書き残している。少女たちはひとまず書記官チャールズ・ランマンと前出のヘプバーンの親戚の家に分宿することになった。梅子と亮が預けられたランマン宅は、当時ワシントンの郊外、人口一万二千人ぐらいのジョージタウンという町にあった。(1)

約二か月後、森はワシントンのコネティカット通りに家を借り、少女たちを呼び寄せ、アメリカ人の家庭教師を雇い入れて共同生活を始めさせた。

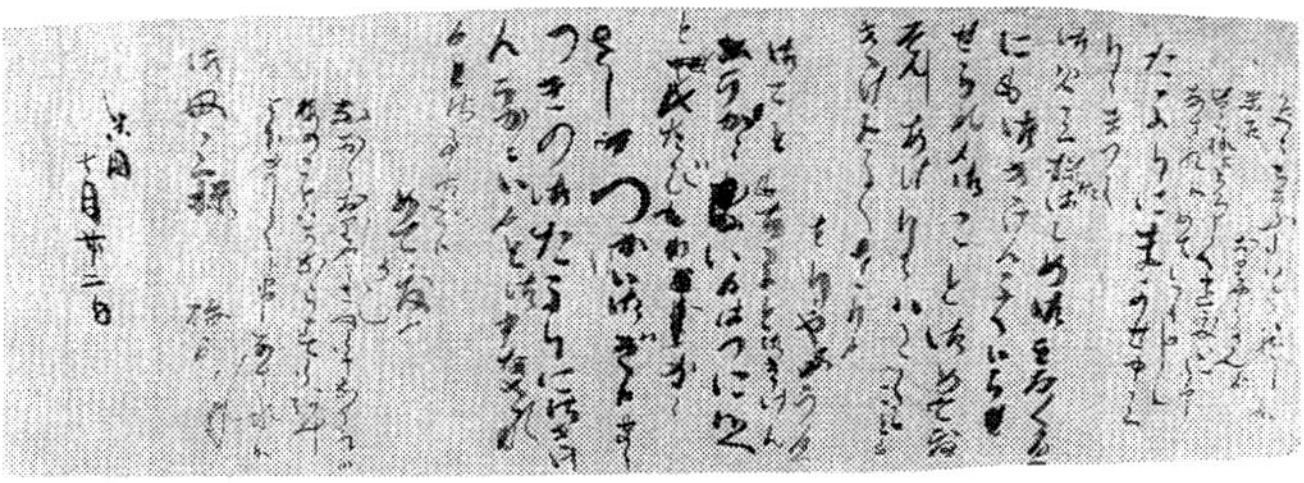

梅子から母に宛てた手紙（1872年7月22日付　梅子7歳）

午前一〇時から二時間の英語のレッスンと週二回のピアノのレッスン、といったスケジュールで、日曜日にはよく近くの公使館に遊びに行っている。館員たちは少女たちと遊んだり、町に連れていって玩具や「きれいな物」を買ってやったりした。

この頃候文で親に宛てて書いた手紙には、ランマン夫人も時々様子を見にきてくれるので安心するように、と梅子は書いている。

夜は消灯時間が過ぎると五人は一室に集まり、ガスをつけて日本語でお喋りをし、ゲームに興ずる始末で、その頃を回顧して梅子は「黄金の日々」と呼んでいるが、大人たちはやがて、このやり方では所期の効果をあげることはできないと気付く。梅子によれば「元気いっぱいの五人の少女は所詮ひとりの家庭教師の手に負えない[2]」ことが分かり、二人目の家庭教師のあと、楽しかった共同生活は一〇月末に幕を閉じる。

年長の亮と貞は帰国し、捨松はニューヘイヴンのベイコン師に、繁子はフェア・ヘイヴンのアボット師に預けられる。二人はこうしてニューイングランドに去り、梅子は幼いという理由であとに残り、再びランマン家に預けられた。

ランマン宅に梅子と亮が仮住いを始めて間もない頃、ランマン夫人は初子に第一信を送った。一八七二年三月四日付のこの手紙の原文は存在しないが、仙の訳と思われる和訳は『新聞雑誌』一八七二年四月号（四十号）に掲載された。寄宿学校へ入れるには幼すぎるので、森からの指示を待つ間自宅で預かる、という報告に続き、少女たちについては

皆々一同学問修業の志厚く感心仕り候。殊に梅は覚え宜敷、同人へ逢い候う人々何れもその立居振舞をこのみほめ申し候。

とある。また

私共一同梅を祝していう、厳母のその愛女を遠く隔絶するのを楽しむは、その子天よりうくる処の才知あるが故なりと。又君を祝していう、外国人に託するに適う、かくのごとき愛情深き少女を得るは天の賜りと。

と言い、私たちはすでに梅と親しくなってしまったので、もし別れることになったらどんなに悲しいかと今から心配しています、と付け加えている。

捨松、繁子と別れてからも梅子がランマン家で歓迎されることはこの手紙から充分推察される。

夫人の手紙に応え、初子が送った返信には武士の娘らしい「注文」が含まれていた。

けなげな決意

万端御まかせ申し上げ候間、どの様にもおきびしくご教育の程願い上げ参らせ候。

という一節である。

アメリカ人にいささか奇異に響いたと思われるのは

兄弟多きゆえ、私手元に居り成人致し候よりは、いかばかりか大仕合にご座候。

という一節である。

子供に恵まれなかったランマン夫妻に預けられ、その愛情を一身に受けることになった梅子は確かに幸運であった。しかしアメリカ人に謙遜のニュアンスまでは伝わらなかったであろう。次の一節は日本人にさえ不思議に思える。

梅は出立の折持たせ遣わし候う写真を折々取出しながめ居り候うよし、併し帰国の意も生じ申さず候うは、全くお取扱の宜しき故と存じ奉り候。

七歳になったばかりの少女が異国の空でホームシックにならないはずはない。その気持をけなげに抑えていたのではないか。それは次のエピソードからもうかがえる。

五人の少女が共同生活を終えようとしていたある日、森は少女たちを夕食に招いた。（夫人とともに招かれたランマン氏はこの日のことを覚え書に残している。）庭でクロッケーに興じ、おいしい食事をともにし、帰りには各々美しい扇をみやげに贈られた。遊興の間にも森は女子教育について彼女たちに諭すことを忘れなかった。

梅子がお茶を飲む様子を見て、森が濃いお茶は子供にはよくないよ、と言いきかせると、梅子は

「家でもずっと飲んでいたわ。」と返答したが、その後濃いお茶には手を出さなかった、とランマン氏は書いている。氏はそのきっぱりした態度に「日本人の忍耐強さ」を見て感心しているが、梅子が家族への恋しさを表に現さなかったのもこのような忍耐強さがあったからであろう。

ランマン夫人の手紙を掲載した『新聞雑誌』には「つい先年まで何ら交渉のなかった日米の婦人が、こうして手紙のやりとりを行うようになった。文明開化の証しである。国内の女子学生はこれを見倣い、勉学に勤《いそ》しむこと。」という趣旨のコメントが付け加えられていた。

同様に初子の返信は『ニューヨーク・イーヴニング・ポスト』紙に全文掲載され、「娘の教育のために情愛を犠牲にした東洋の母」の声であると紹介された。梅子はこうして国際的なやりとりの舞台に立たされたのである。

皇后から授かったお沙汰書の文言は、かみ砕いて聞かされていたと思われるが、小さな双肩に担わされた責任は父仙、森、ランマン氏などによって諭され、聡明な梅子は幼くしてその意義を悟っていたようである。

先のお茶のエピソードを書き残したランマン氏は、夕食会で五人の少女を眺めながら、その悲愴なまでの責任を伝えるとともに、アメリカで知徳を磨けばこの少女たちは、いずれ「祖国にとって恵み」となるだろうと述懐している(3)。

日本弁務使館の書記として日本人を知り、日本に親近感を抱いていたばかりでなく、「祖国の恵み」にふさわしい女性に育てようという気持でランマンは梅子を預かった。それは梅子にとってまたとないめぐり合わせであった。

ランマン夫妻の愛着

一八七二年一一月一日、梅子は再びランマン家に入り、スティーヴンス・セミナリー（小学校）に通い始めた。夫妻はますます梅子を愛するようになるが、預かるのは一年、という期限つきだった。

その期限が近づくとランマン夫妻は、学校からの成績表に梅子の近況を伝える手紙を添えて送った。「里親」としての務めとしてそうしたのであろう。

ランマン家に預けた成果は梅子の立派な成績表からもうかがえた。しかし夫妻は梅子を手離さなければいけないことを恐れてか、万一梅子が帰国せざるを得ないような事態が起これば、養育費を負担してでも預かる覚悟である、という追伸をつけていた。(4)

この頃政府は在米男子留学生で見込みのない者に対して学費の給付打切り、召還を行い始めていた。捨松の兄健次郎もそんな学生のひとりであった。(5)ランマンの追伸はそんな事情を考慮して書かれたものと思われる。

ランマン夫妻の熱意が通じて梅子は夫妻のもとに残ることになった。帰国まで都合一〇年以上を夫妻とともに暮らすことになる。渡米前と帰国後の期間を合わせても生みの両親と暮らした期間よりも長い。しかも人格形成の重要な時期であることを考えると、ランマン夫妻を語らずに梅子を語ることは難しい。

チャールズ・ランマンは一八一九年、ミシガン州モンローに生まれた。一族はもとはコネティカット州の出で、祖父ジェームズはジョン・アダムズ大統領のまたいとこに当たり、州の最高裁判事を経て上院議員になった人物である。

父チャールズ・ジェイムズは祖父同様イェール大学法学部を出てミシガン地区の公費収入役を務めた。一時はグランド・ラピッド市がたつ一帯の広大な土地を所有していた、とチャールズは語っている。

チャールズ・ジェイムズはインディアンの血を引くフランス系女性と結婚し、九子をもうけた。そのひとりがチャールズである。

ランマンという名は man of the launde（森の空地の住人）という意味であるが、チャールズはその名に特別の思い入れがあったようで、自分が生まれた瞬間

星が天空から墜ちたか、古木が大地に倒れたか知らないが、幼いときから自然の造化が心にこよなくいとしかったことだけは確かである。

と述べている。(6)

しかし父はチャールズを「生粋《きっすい》の商人」にさせたいと思った。コネティカット州のプレインフィ

ールド・アカデミーを終え、一六歳でニューヨークに出てインド交易の会社に就職したのは、そんな父の要望に沿ったものと思われる。チャールズ本人は文筆業に興味があったらしく、会社勤めの十年は無駄な年月だったと思っていた。

退屈な経理の事務から気を紛らすために暇を見ては文学を読みあさり、ハドソン・リバー派の絵画をアッシャー・デュランに師事した。のちの作家、画家になるための修業期間であったといえる。しかし、交易会社での一〇年間はあながち無駄ばかりではなかった。というのも仕事の関係で彼は、講演旅行で訪米したチャールズ・ディケンズやアメリカの作家ワシントン・アーヴィングの知己を得たからである。

梅子と出会った頃

二六歳になった年、チャールズは故郷に帰り、『モンロー・ガゼット』紙の記者になる。その後オハイオに移り『シンシナティ・クロニクル』紙の記者を経てニューヨークに戻り『デイリー・エクスプレス』紙嘱託、『ニューヨーク・エクスプレス』紙美術担当記者となる。ワシントン駐在員になってからは政治記事も書いたが、間もなく地元の『ザ・ナショナル・インテリジェンサー』紙に移ってしまう。

四年間に五つもの職場を転々としたことになる。シンシナティからニューヨークに移る合間にはミシシッピー河をカヌーで遡上《そじょう》したり、スーペリアル湖の探査をしたりもしているので、まだ人生模索の時期であったといえる。

そんな彼がワシントンに腰を落ちつける気になったのは、スミソニアン研究所のジョウゼフ・ヘンリー教授を含む知識人たちとの交わりができたからだといわれる。

三〇歳になったチャールズの次の職場は図書館であった。国防省をふり出しに国務省、内務省、下院図書館に都合二十余年勤めることになる。国防省時代に出会ったダニエル・ウェブスターには可愛がられ、個人秘書、釣りの伴として親しく付き合った。のちに『ウェブスター伝』（一八五二）を書くことになったのはそんな縁からである。大統領官邸の書庫を最初に整理したのもランマンで、その方面の手腕はよほど高く評価されていたようである。

なぜ二〇年を越える専門職を辞して日本弁務使館の書記に転職したのか。その理由は郷土史家によれば、上院の図書館に任命されなかった不満からであった。その気持は「生涯あそこには足を踏み入れない。」という彼の誓いにこめられている。（皮肉にも彼の手紙と三つの著作は、今日その議会図書館に収蔵されている。）(7)

ともあれ、ちょうど梅子がアメリカに到着する一八七二年にランマンが日本弁務使館に書記として転職したことは、梅子にとっても夫妻にとっても運命を感じさせる出来事であった。

主に司書として働く間にチャールズが執筆した著書は三〇冊を越える。画家としては、一八四〇年にナショナル・アカデミー・オヴ・デザインの展覧会に作品が展示されてから一五回出品してい

チャールズ・ランマン

アデライン・ランマン

る。日曜画家の域を出ていたことがこれで分かる。

ランマンは、国防省図書館に就職した年にアデライン・ドッジと結婚した。アデラインの父はニューイングランド出身の実業家で、西インド諸島との交易を行っていた。二人の結婚祝いにドッジ氏はレンガ作りの二世帯住宅を与えた。一戸を貸し、あと一戸に二人は新居を構えた。ここで二人は生涯を終えるが、ディケンズもアーヴィングも客として招かれたことがあり、ウェブスターは足繁く訪れたという。

アメリカの家

梅子が最初に見たジョージタウンの家はどんな風であったか。建ってから六〇年経ていた家の壁は蔦に覆われ、右手には高い槐《えんじゅ》がそびえていた。通りに面して柵をめぐらし、裏には芝生と花壇があり、庭の小屋に住む黒人の夫婦が手入れをしていた。

家の中に入ると壁には英米の画家の作品、ランマン自身の風景画などが所狭しとかかっており、棚には骨董の類が並んでいた。ひとつの部屋は趣味の釣具、旅行から持ち帰った思い出の品々に当てられていた。書庫には文学を中心に三千冊以上の蔵書があった。梅子が持っていた新聞の切抜きには、ある記者がこの家を「まさに博物館、小さな美術館」と評したことばが見られる。

日本弁務使館に勤めるようになってからは、そのコレクションに日本の書籍、美術品、道具類も加えられた。宮内庁から送られた花瓶、森が贈った着物一式、刀一振もその仲間入りをした。

ランマン邸

釣りと絵画の趣味を持つことからランマンはよく旅行をした。カナダのサクィネーの景観と釣り場、またロード・アイランド州のブロック・アイランドをリゾートとして世に広めたのは彼であり、カヌーをレジャーとして白人に紹介したのも彼であると郷土史家はいう。

梅子が加わってからも三人は休暇の度に旅行に出た。かねてからの趣味に加え、梅子に見聞を広めさせるという目的も加わった。

梅子の受洗

ランマン夫妻のもとに留まることになった梅子は環境になじみ、目ざましく成長していく。入学して二か月後夫人が初子に送った手紙には、梅子は聡明で勉強好きで、学校の友達にも人気があると告げ、その聡明さを示す二つの例をあげている。ひとつは

私がいい子になれば、アメリカ人は私にはいい父と母がいると思うでしょう。でも私が悪いことをすれば、私の両親も悪い人だと思うでしょう。

また、ワシントンで共同生活をしていた頃の家に触れ、

私が前に住んでいた家は美しかったけれど、中は外ほど美しくはなかったわ。人間だって外見は美しいけど、ここ（と心を指差し）がよくない人がいるわ。

と夫人に話している。英語はまだぎこちなかったに違いないが、七歳の少女がこうして自分の考えを堂々と話すことに夫人は感心したようである。

夫妻をさらに感動させたのは、二度目にランマン家に移り住んで数か月後、梅子が洗礼を受けたいと申し出たことである。それが「誰から勧められたわけでもなかった」ので感動はひとしおであった。(8)

留学前に渡された「洋行心得書」の項目のひとつは、改宗を堅く禁じていた。梅子がキリスト教入信を決意したのは、一八七三年二月にキリスト教禁止令が日本で解かれた直後のことである。

ランマン氏は森にも相談をし、特定の宗派にとらわれないよう気を配って、知人のペリンチーフ師の司るオールド・スウィーズ教会で洗礼を受けさせることにした。幸い森も師を知っており、師

に著書の執筆を依頼したこともあって話は順調にまとまった。

その年の夏休みを利用して、夫妻は梅子をペンシルヴェニア州ブリッジポートにある教会に連れていった。ペリンチーフ師にとってよほど印象深い出来事であったらしく、日記に詳しく洗礼の模様を書き残し、また新聞にも記事として発表した。(9)

その記事によると、幼児洗礼の形式で行うはずであったが、梅子は自分で応答すると主張した。話してみると信仰も表現もしっかりしているので大人と同じ形式で式を行った、とある。

さらに梅子の「感性と表現力は幾つか年上のアメリカの子より優れている。」と評し、その理由として、天賦の才能に加え留学という経験がその資質を刺激し、旅によって様々な人と接する機会を持ち、いろいろ教えられたからだと推察を加えている。

洗礼を受けて一か月後、弟金吾の死を知って梅子が母親に当てた手紙のこと、(10)庭の小屋に住む黒人夫妻を日曜日毎に訪ね、聖書を読み聞かせ、彼らの入信のきっかけを作ったことなどは、既刊の伝記にかなり詳しく書かれているので省略する。私が興味を覚えたのは受洗が「誰から勧められたわけでもないのに」というランマン氏の記述である。

受洗の動機

梅子の小さな心を洗礼へと導いたものは何であったか。津田塾大学図書館の梅子資料室にある一通の手紙が、この問の答えにひとつのヒントを与えてくれる。それは捨松の兄健次郎がランマン氏に宛てたものである。

ランマン氏が『アメリカの日本人』(一八七二年刊)の中で、ある留学生について、女子留学生派遣に強く反対していたが、森有礼と話してから「即座にその意義を納得した」、と書いているのを見つけ、健次郎は自分のことだと知り、ランマン氏に「弁明」の手紙を書き送ったのである。興奮した様子は文法の誤りや荒っぽい文体からうかがえる。

健次郎の手紙には、日本の女性がアメリカで生活するということは、道徳教育を欠くことになる。アメリカの女性は徳育を聖書から学ぶが、聖書に基づいて行動すれば、日本人の女性は政府から処罰を受ける。要するに留学は徳育を欠いた女性を作ることにつながる。日本人としては自分の姉妹がそんな目にあうのは残念である。だから反対したのだ、という弁明である。

捨松や繁子と別れる前のことであるから、梅子はこの論争を聞き知っていたと思われる。アメリカの女性の道徳が聖書によって培われる、という点ではランマン氏も同意見であったろう。そうであれば、禁が解かれたなら自分もキリスト教徒となり、アメリカ人の女性と同じように「立派な人間」になりたいと梅子が思ったのは自然であろう。両親を辱めまいと心掛けていた梅子の思いが推察できる。これから一〇年も暮らす国でアイデンティティを求めた現れとも取れる。

戸外で行われた洗礼式が「この上なく美しかったにもかかわらず、胸が痛くなるほどしめつけられた。」とランマン氏が感じたのは「七千マイルも故郷を離れ、家の名誉と国の利益のために進んで家庭の幸せを犠牲にしている」少女の覚悟を、受洗するその姿に見たからである。[11]

吉川氏の伝記には、梅子は一度もランマン夫人を「ママ」とも「マザー」とも呼ばなかった、とある。ジョージタウン時代の貴重な情報源であるノックス[12]もそう書いている。

ところがランマン夫人が大切に取っておいた梅子の書き物の中に、梅子が一度だけ「愛するアメリカのお母さん」と呼びかけている手紙が一通含まれている。文章から判断するとおそらくランマン家に最初移り住んで間もない頃のことである。

その後一〇年以上も同居しながら、その間も、帰国後三〇年以上にわたる文通でも、再びこう呼びかけることはなかった。

誰か大人にたしなめられたのか、心ない子供にからかわれたのか、とにかくそう呼ぶまいと決めたのである。洗礼の決意をするのと同じように心の中に葛藤があったはずである。梅子の強靭な精神は幼くして体験したこういった試練と無縁ではあるまい。

天からの授かり物

梅子がランマン家に「養女のような形で」落着いたのはランマン氏五三歳、夫人が四六歳のときである。子供のいないふたりにとって梅子は「天からの授かり物」に思えた。

梅子の伝記を書くために用意した覚え書の中で、ランマン氏は梅子のことを「日出ずる国から訪れた太陽の光《サン・ビーム》であり、我が家を明るくしてくれた。」とも書いている。

「態度は好もしく、心と頭の働きはすばらしく」と最上級の形容詞を並べたあと、成長すれば「国の恵み」ともなろう、と言い、さらに
知性の輝き、性格の誠実さにおいても全くすばらしい子供である。（中略）しかも年に似合わぬしっかりした考えをもっていながら、小羊のように朗らかで、年相応の娯《たの》しみに夢中になった。

と書いている。こんな子供を愛さない者はいないだろう。

ペリンチーフ師のことばで裏付けされるとはいえ、親ばかぶりを露わにしているかに聞こえる。誇張であったかどうか判断するには他に証拠を求める必要がある。

一八七四年六月、梅子の通う小学校で恒例の学芸会が催された。「朗読」の授業を受けている梅子は、ウィリアム・カレン・ブライアントの「白い足をした鹿」を朗読することにした。『ジョージタウン・クーリア』紙の報道によると「そのクラスの他の子供たちは皆本を手にして読んだが、梅子は空《そら》で、ひとつの間違いもせずに朗読した」そうである。

学校に入ってまだ一年半しかたっていず、ブライアントの詩は各節四行、一八節からなる長詩である。聴衆が感心したのも無理はない。

『クーリア』紙はその前年も、翌年にも梅子が学校で表彰されたことを報じている。七四年の記

事には学業で三つ、行儀でひとつ賞をすでに受けていることをあげ、梅子の「東洋人の頭」の中にはきっと「ヤンキーの要素」が入っているに違いない、というコメントが付け加えられている。(13)

このエピソードで注目したいのは、むしろ行儀の良さで賞をもらうことに梅子が異議を唱えていたことである。ノックスによると、梅子の言い分はこうである。

行儀の良さは内から現れるもの、生まれや育ちに由来するもの。だから褒美を出すのはおかしい。

恵まれた生まれや育ちではなく、人はその努力によって評価されるべきだ、と九歳の梅子は主張したのである。

梅子がランマン家に居を定めたころ、ランマン氏に絵を習うために河村清という青年が同家に滞在することになった。日本語を忘れないよう河村に日本語の教授を依頼することもできたが、梅子の父仙はその要を認めなかった。河村は七三年春まで滞在するが、その後梅子は日本語に接することも少なく、日本語を徐々に忘れ、代わって二年足らずで英語の読み書きも自由になり、初めは候文で書いていた家への便りも英語になった。

情操教育と社会教育

勉強はほどほどにさせたい、とランマン夫人は初子への手紙に書いているが、梅子が学校の外で受けた教育は幅広く、教養、たしなみとして貴重なものとなった。

梅子はランマン家の書庫に入っては本を読みあさった。眠りにつく前の読書は終生続く習慣となったが、滞米中は「朝夕の着換えをしながらも」本を読んだ。[14]

子供時代に好んで読んだ物として、スコット、ディケンズの小説、ロングフェロー、ブライアントの詩、またシーザー、ジョセフィーヌ、ダーウィンの伝記等をあげているが、中・高校に当たる年頃には、シェイクスピアやワーズワース、バイロン、テニスン等ロマン派詩人も加わった。[15]

ランマン氏によれば梅子は「小説を好み、優れた詩を貪るように読んだ。絶えず詩の断片や全部を、またシェイクスピアの劇の一場面全部を誦《そら》んじていた」そうである。[16]

ランマン氏の影響で、熱心な読書家はやがて書くことにも手を染めるようになった。まとまった書き物として残っている初期のものに「梅の小さな本」[17]がある。縦一〇・五センチ、横六・五センチ、二六ページからなるこの「本」は細ひもで綴じてあり、表に「日本からアメリカへ」の表題がついていて、グランドホテルと船と覚しき物の挿画まで入っている。これはランマン夫人にプレゼントとして送られたものである。夫人は感激して、これは梅子が引越してきて間もなく、アメリカ到着後わずか九か月後に書いたものである、と注をつけている。

九歳になってから、再びアメリカ渡航の体験を綴ったときには、本当の本の形を真似て索引までつけた、とランマン氏は書いている。そして梅子の性格を物語ることとしてこう付け加えている。

「綴りや分からないことばについては他人に尋ねるが、内容について干渉されるのはいつもきっぱりと断った。」と。

旅はもうひとつの学校であった。ペンシルヴェニア州で洗礼を受けた夏は、その足でマサチューセッツのインディアン・ヒルを訪ねた。夫人の義兄プーア氏宅に滞在したが、そこでは詩人のロングフェロー、ジョン・グリーンリーフ・ホィッティア、上院議員チャールズ・サムナー等に会っている。

ロングフェローは、ニューベリーにある壊れかけた旧居のスケッチをランマン氏に依頼した。翌日早速スケッチを描いて送ったランマン氏のもとへ詩人から丁重な手紙が届いた。その中で

この世で同じことをくり返すことができるならば、（それは叶わぬことだけど）私はあの日をもう一度生きてみたい。

とプーア氏宅での楽しかった一日に触れ、最後に「あなたの可愛いお嬢さんに宜しく伝えて、私からのキスを」と結んでいた。

ランマン著『人物漫描―主にアメリカの著名人について』（一八八六）にあるエピソードである。同著では梅子を膝に乗せ、その長い黒髪を撫でていたロングフェローは、今までにも増して「子供好き」になったことだろう、と氏はコメントを付け加えている。

梅子が立派に「白い足をした鹿」を暗誦して間もなく、ランマン氏はその詩の作者ブライアント

に手紙を送り、梅子がファンであることを告げ、梅子の写真を同封している。ブライアントはこれに応え、自分の詩はいずれ忘れられるだろうが、その詩の精神――弱い動物に対する人間の愛情――は憶えていて欲しいという旨の手紙をランマン氏に送った。

ロングフェローとブライアントからの手紙は梅子に与えられた。のちに額に入れて英学塾に飾られていたが大震災で焼失した。

ランマン氏が梅子を誇りに思っていたこともあるが、梅子を有名人に会わせ、あるいは紹介することは、彼女にとっての社会教育でもあった。それは「偉い人」とでも目と目を合わせて接すること、レイディーにふさわしい堂々とした態度を育む訓練ともなった。

旅に出る度にスケッチをし、油絵を描いたランマン氏を真似て、梅子も筆を取った。絵を描いては友人に贈った、と氏は言っている。文章を書くことも、絵を描くことも半ば模倣、半ば英才教育的指導で早くから始められた。

年に似合わぬ分別を持っていた梅子はまた小羊のような快活さを備えていた、とランマン氏は言う。梅子が吉川氏に語った思い出の中には垣根を飛び越えて隣家の友人を訪ねたり、庭の大きな桜の木に登り、枝に座ったままさくらんぼを頬ばったことなどがあるが、こんな「おてんば」振りも見られた。あるとき家に帰ると誰もいなくてドアには鍵がかかっていた。梅子は例の桜の木に登り、枝を伝ってあいていた二階の窓から入ると、何食わぬ顔で下に降りていき、中から鍵を開けたそう

「ザ・トリオ」左より梅子、捨松、繁子

である。

日本人の誇り

アメリカ独立百年を祝う博覧会がフィラデルフィアで開かれた一八七六年の夏、梅子は捨松、繁子とともに見学に連れていかれた。ランマン夫妻も同行し、森の後任である吉田清成公使夫妻も一緒であった。

少女たちはペリンチーフ師宅に滞在し、毎日のように博覧会場を訪れ、また日本から訪れた要人たちとも会っている。四年近く離れた故国からの出品を見て梅子は故郷を思い、自国を誇りに思った。

日本人としての誇りは次のエピソードにも語られている。通学の途中、心ない黒人の子供たちが梅子を追い回し、

「中国人が来るぞ。中国人はネズミを食うんだ！」

とはしゃぎ立てる。梅子は

「私は中国人なんかじゃない。日本人よ！」

と叫び返す。それでも違いが分かってもらえなくて地だんだ踏んで顔をまっ赤にした。

郷土史によると、小学校に通う間近所の友人が毎日一緒に登下校していたという。梅子の長い黒髪を群がる悪ガキがひっぱるからである。育ちはヤンキーでも外見は東洋人である。いじめられながらも梅子は日本人であることを主張した。

梅子の誇りは生得のものに加え、環境が培ったものでもある。ランマン氏も『アメリカの日本人』で紹介している通り、『サンフランシスコ・デイリー・イーヴニング・ブレティン』紙は岩倉使節団歓迎の記事に日本人の優秀さを特記し、こう書いている。(18)

中国人と違い、日本人は服装、食べ物、産業、生活様式において改善を認めるとこれを進んで取り入れる。また中国人と違い、日本の人々は祖国を慕い、苦力《クーリー》の契約で移住したりはしない。外国へ出る日本人の動機は知識の渇望である。

ややもすると東洋人同士の間に差別を助長しかねないこうした発言は、当時のアメリカ人の考えをよく示していた。梅子が青筋立てて抗弁したのは日本人の自覚もあろうが、そんな雰囲気を感じていたからであろう。

列強に蚕食されていた中国の運命を免れ、西欧諸国と肩を並べようとあらゆる努力を日本が払っていた、そういう文脈でこの「幼い大使」の反応はとらえられるべきで、単なるエピソードとして片付けられないように思う。

情愛の中で育つ

一八七八年秋、スティーヴンスン・セミナリーを卒業した梅子は、アーチャー・インスティテュートに入学する。（同年捨松と繁子はヴァッサー・カレッジに入学する。）ワシントン市内、マサチューセッツ通りに面するこの学校は一般的な科目の他に、女子校にはまだ珍しかった科目も教授する、かなり程度の高いハイスクールであったらしい。

梅子の証明書には

津田嬢はラテン語、数学、物理学、天文学、フランス語において同級生よりも著しく進んでいる。

とある。音楽と絵画も選択しており、ある年へイズ大統領夫人が列席した卒業式では梅子がピアノを演奏したという。

この時期梅子は観劇、チェス、と趣味を広げていったが、快活な一面は変わらなかった。夏にはランマン宅の傍らにある草地で友人たちとクロッケーやローンテニスに興じたが、そんなとき梅子はいつもリーダー格であった、とランマン氏は回想している。

夫妻が梅子を可愛がっていた様子は、次のエピソードからも分かる。愛猫がいなくなって梅子がしょげているのを見て、夫妻はわざわざニューヨークから同じ種の、そっくりの猫を取り寄せて与えた。これを梅子は「ネッコ」と名づけた。(日本語をこう憶えていたのであろう。)

梅子が日本に帰ってからも夫人は時々ネッコの様子を手紙で伝えている。さらに文通には庭にある「梅の領分」とか、「津田散歩道」とかが登場し、庭のにおいすみれの押花が同封してあったり、そんな断片からも夫妻の情愛の深さをうかがい知ることができる。

既刊の伝記は夫人について余り触れていないが、その後発見された「屋根裏の手紙」数百通[19]は、梅子が夫人を心の依り所にしていた程をよく物語るものである。また、最近アメリカ人研究家が行った講演[20]も夫人が梅子に与えた影響をかなり重視している。

ランマン夫人が一六歳まで通っていた学校[21]は、当時南部では非常に程度の高い教育を授けていたという。一八二六年に「科学」を正課に取り入れ、二年後には天体望遠鏡を備えつけた。ハーヴァード・カレッジ(現在のハーヴァード大学)に先んじること二〇年である。女子の大学はまだ存在しなかった。

結婚してから夫人は当時の中・上流階級の婦人の常として慈善事業、禁酒運動に熱心であった。そんな理由から右の研究家は夫人が梅子の科学的関心、女性の社会活動について及ぼした影響を指摘している。(面白い指摘であるが、あとで見るように、科学への興味、社会的活動への関心については父仙もそれに劣らぬ大きな影響力を及ぼした。)

ランマン夫妻は親と名乗りこそしなかったが、親が子に与えうるあらゆるものを梅子に与え、若い芽を大きく育んだ。

父の方針で心ならずも実業界で一〇年の月日を浪費し、一方では父の願いを叶えられなかったという思いを抱いていたランマン氏は、梅子に対して「良き父親」であろうと努めたに違いない。子供を育てる喜びと、そんな思いが全て梅子への愛として注がれたのである。

梅子の渡米に合わせるかのようにランマン氏が、日本公使館に勤務するようになったのは全くの偶然であったが、その職を辞したのは偶然ではなかった。ロビー活動の費用の貸借をめぐって森の後任吉田公使との関係が悪化したことはランマン夫人の手紙から明らかである。(22) 対決を避けてランマン氏は職に留まり、梅子の帰国の年に辞職している。梅子がアメリカにいる間は不快を耐えて公使館に留まったのではないかと推察される。

夫妻の知的程度もさることながら、ランマン氏が公使館書記官として日本を理解していたことは、梅子の教育にとって重要な鍵となった。

三人の少女が帰国してからの日本政府の対応から判断すると、華々しくスタートを切った女子留学生派遣は思いつきの感を免れず、彼女たちを迎え、活用する計画は無に等しかった。日本側で熱が冷めてしまったあとも、ランマン氏は「国の恵み」と成るべく梅子を育て、その結果女子の高等教育、社会進出のパイオニアを育てたことになる。

歴史的に見れば三人の少女の体験は、日米関係の小さなアナロジーと見ることができる。日本が近代化のモデルをアメリカに求めたとすれば、アメリカは先輩として日本を指導することに進んで応じたのである。

アメリカ生活の終わり

島田三郎の『開国始末記』の英訳（一八九五年）に付されたアメリカ人ジャーナリストの序文は端的にこの関係を語っている。

アメリカの人々にとって、「世界でも古い歴史を誇る最も年若い国」（日本）は真の被保護者であったように思える。[23]

先にあげたサンフランシスコの新聞と同じように、先輩格の口調にやや傲りはあるが、指導のし甲斐のある後輩である、と日本を「評価」している。師と敬い、先輩と慕う日本を味方につけようとする目論見が、アメリカになかったとはいえない。例えば捨松の卒業スピーチにそれがうかがえる。

ヴァッサー・カレッジを卒業するときに、三九名の卒業生のうち一〇名が式でスピーチを行った。捨松がその中に含まれていたことが、地方紙に大々的に取り上げられたのは、日本人卒業生第一号であったことにもよるが、捨松が選んだ演題とも関係がある。

「日本に対するイギリスの外交政策」という題で、「彼女は、東洋の国との交渉に際しイギリスがいかに利己主義的な政策をとっているかを述べ、激しい口調でそれを非難した。[24]」ものである。

地方紙に次いで『ニューヨーク・タイムズ』紙を含む全国紙もこの演説を取り上げた。

専門課程で主に自然科学の科目を受講した捨松が[25]、どうしてこういった演題を選んだのかは明らかではない。しかし、それがアメリカのマス・メディアを喜ばせ、日本に対する同情を掻き立てたのは確かである。政治的レベルでは、こんな次元の操作があったことを見逃してはならない。

独立して百年、産業国家として英・独と肩を並べるようになったアメリカは、自信に満ち溢れていた。日本との師弟関係が、国家、個人間のレベルで不愉快な形を取る場合もあったと思われる。しかし梅子のように、末々まで大切にできる関係を結び、その恩恵に浴した人々がいたことも忘れてはならない。

予定の一〇年が満ち、開拓使から帰国の命令を受け、繁子は一八八一年に帰国する。捨松と梅子は各々の学校を卒業するため一年の滞在延期を願い出て許可を得る。（その年に開拓使は資産払下げにまつわる不正でスキャンダルを起こし、黒田率いる開拓使は解散した。女子留学生派遣を企画した当の役所が消滅したことになる。）

翌年、捨松とともに梅子は帰国の途につく。堅実で敬虔なキリスト教徒の家庭に一〇年以上起居し、一級の学校に学び、学校の外で広い教養を身につけ、社会奉仕を目のあたりにして育った梅子は、皇后から授かったお沙汰書に謳われ、天皇も触れた「近代的女性」の模範と成るべく帰国する。

日本の間尺に合わないほどに成長し、大きな落胆と焦燥の日々が待ちうけていることは知るよしもなかった。

第三章　註

（1）一八七八年、ワシントンD・Cに併合された。
（2）"Japanese Women Emancipated," *The Writings*, pp. 83―84.
（3）覚え書。津田梅子資料室蔵。
（4）*The Writings*（『津田梅子文書』）和文の部、九三―九五ペ。
（5）私的援助を得て滞在し、イェール大学で物理学を修め、後に東大総長を務める。
（6）M.L.D.Ferris, "Charles Lanman," *The American Author*, Vol.1, No.12 (1902).
（7）Katharine McCook Knox, *Surprice Personalities in Georgetown, D. C.* , p.9.
（8）ランマン覚え書。津田塾大学蔵。
（9）新聞名不明。切り抜きを梅子が所持していた。
（10）この話は町の伝説となったらしく、七〇年後に出版された郷土史にも出てくる。註（12）参照。
（11）ランマン覚え書。
（12）McCook Knox, *Surprise Personalities in Georgetown, D.C.*
（13）McCook Knox, *Surprise Personalities in Georgetown, D.C.*, p.21.
（14）書簡（一八八三・五・二五）で思い出として語っている。

(15) 『女子世界』所載「私が好んで読みし書物」、*The Writings*（『津田梅子文書』）和文の部、六五―六八頁。
(16) ランマン覚え書。
(17) "The Little Book of Ume" 津田梅子資料室蔵。
(18) Lanman, *The Japanese in America*, p.19, p.21.
(19) この約三分の一は *The Attic Letters : Ume Tsuda's Correspondence to Her American Mother* (Weatherhill, 1991) として出版されている。
(20) Louise Demakis, "Tsuda Ume and the Woman's Sphere," 津田塾大学創立九十周年記念講演。
(21) The Convent of Visitations.
(22) Yoshiko Furuki, *The White Plum : A Biography of Ume Tsuda* (Wetherhill, 1991), p.13, p.156.
(23) John A. Cockerill, Preface to *Agitated Japan* (Translation of Saburo Shimada's *Kaikoku Shimatsu*)
(24) 久野　一一七頁。
(25) 久野　一一二頁。

第四章　帰　国

旅日記

いよいよ帰国のときが来た。ランマン氏は妻と妹、姪を伴いシカゴまで梅子を見送ることにする。梅子は捨松と合流して西へ向かう。二人の後見役は同志社に帰任するJ・D・デイヴィス夫妻に依頼した。デンバーまでは捨松の養姉で、親友でもあるアリス・ベイコンが同道した。

また、サンフランシスコで出航を待つ一〇日間の滞在はカリフォルニア大学の学監ボンテ氏宅に泊まるよう、こと細かに気が配られていた。

出発前にランマン氏は梅子に手紙だけではなく、ジャーナル（旅日記）をつけるよう依頼した。梅子のことを逐一知りたいという気持もあったが、いずれ執筆しようとしていた梅子の伝記に使う心積もりをしていた。梅子はそのことを知らなかったが書くことは好きなので快諾した。

夫妻とシカゴで別れて乗車し、昼食を済ませるとすぐに梅子は第一信をしたためた（一〇月一二日）。別れて何時間とたっていなかった。その手紙はインディアナで投函された。

ジャーナルは大陸横断、太平洋航海中を通して続けられ、横浜に接岸する直前までの様子が四九ページにわたって綴られている。その文章は鋭い観察、繊細な感性、ユーモアをうかがわせ、同年輩のアメリカ人に比べても流暢かつ明快なものである。(1) 一九八四年二月、津田塾大学本館の屋根裏で発見された手紙の最初の幾通かとこのジャーナルを継ぎ合わせると、梅子のことばで帰国の途次を再現することができる。

まずジャーナルの内容の特徴として、去り行く土地への愛着とアメリカ人になってしまった梅子の視点があげられる。

梅子は、かもしか、コヨーティ、プレイリー・ドッグなどが点在する原野を目のあたりにし、広大な西部に強い感銘を受け、また、コロラドを通過するときには美しい峡谷を見過ごすまいと心ときめかせて待機する。ただ風景としてではなく、西部は梅子にアメリカの懐の深さと自由を感じさせた。


広々としたすばらしい西部。雑踏を逃れて移民たちが西へと向かうのも無理はない。土地はただで手に入る。仕事も空間もたっぷりあり、神が授ける新鮮な、生気を与える空気がみなぎっている。富ある者はここに失った健康を求める。恵まれたアメリカはそんな人たちの全てを抱擁する場所を持っている。富める者も、貧しい者も、あらゆる階級、どんな人種も。（一〇

月一四日）

アメリカの娘

自分では気づいていないものの、乗客の中にとけ込んでいる姿から、梅子はもうアメリカ人になっていることが感じられる。一一年前、少女たちは同じ道のりを東へ向かって旅をした。少女は異邦人で、好奇の目に晒されていた。

こんどは汽車に乗り合わせた乗客たちを仲間のように観察し、描写する余裕を見せている。初めは全く他人であった乗客たちも、シカゴあたりでは微笑みを交わすようになり、オマハに着くころには、お互いの名前や経歴も知るようになる。プレイリー・ドッグを眺めることにも倦きてくると、明るいおしゃべりはたけなわとなり、皆うちとけて冗談を言ったり、判じ物や謎かけを出し合い、旅のつれづれを慰め合う。

好奇心についても一一年前の梅子とは違う反応を示すエピソードが含まれている。二人の「本物のインディアン」が乗車してきたときのことである。二人が食堂車へ向かうのを見て、乗客の子供たちは近くへ行って見たいと言い出した。子供たちの親はそんなことをするのは失礼だと思い、これを制した。

そこで私は、捨松と私が一緒について行けばお互い無料の見せ合いっこになるでしょう、と言った。日本人はインディアンにとってきっと同じ位珍しいものでしょうから。

子供たちは親の言いつけ通り、入り口からそっと覗くことで我慢した。でも乗客たちは梅子のユーモアを楽しんだであろう。

サンフランシスコでは、領事館気付で送られてきたランマン夫妻からの手紙が待っていた。しかしまだジョージタウンの時間を刻んでいる梅子の時計は四時間進んでいた。それだけの距離がすでに「アメリカの家」と梅子を隔てていた。捨松の友人たちが道中一通ずつ開けるようにと渡した手紙の束を梅子は羨ましく思った。

アメリカとの別れ

ボンテ氏の家に滞在し出航を待つ間、梅子と捨松は氏の勤めるカリフォルニア大学のキャンパスを訪れたり、町を見物したり、買物を楽しんだ。

人形などのほかにひとつ面白い買い物をしている。ウォルナット材と籐で作った美しいデッキチェアであるが、これを買うのに捨松は四ドル五〇セント、梅子は二ドル払った。折半しようと梅子は言ったが、捨松は航海中は共用とし、帰国してからは自分の家で使いたい、と言うのでこうなった。「面白い」と言ったのは航海中この椅子はほとんど使えなかったからである。

そんな荒い航海になろうとはだれも思ってはいなかった。しかし二人を待ち受ける試練で、予期できることが他にあった。デイヴィス夫人は出航に先立ちそのことを二人に諭している。梅子は夫人の話をこう伝えている。

今日では教養ある人々の間では異教はすっかり放棄されてしまったが、キリスト教徒の大半は貧しい階級の人々に属する。そんな中で地位のある人が自分はキリスト教徒であると名乗ったりすれば当然多くの人々、残念ながらほとんどの地位の高い人々の目に自分を貶《おとし》めることになる。デイヴィス夫人は、だから私たちは自分の感情を犠牲にし、必要となれば同胞の前に自分を貶めることも止むを得ないでしょう、とおっしゃいました。これは日本人のキリスト教徒にはほんとうに辛いことです。（一八八二・一〇・二五）

梅子は捨松のことを案じた。自分の家族の「反感と軽蔑」に耐えなければならないのでは、と。幸い梅子の両親は一八七三年からソウパー牧師の教会に通い、二年後に洗礼を受けて東京で最初のメソディスト派信者になっていた(2)。

梅子がアメリカに未練がないはずはなかった。出発を一週間先に控え、ジャーナルにはそんな自分を諭すように、「私たちは自分の国の人たちとともにいるべきなのです。」と書いている。と同時にアメリカへの愛着は出発直前に書かれた次の一文によく現れている。

とうてい不可能なことなのに、明日は明るく陽が照っていてほしいと望んでいます。アメリカが最も輝いているのを見たいからです。（一八八二・一〇・三〇）

美しいアメリカの姿を目に焼きつけて形見にしたいと思ったのであろう。旅日記をめくれば、出発の日は願いが通じてか、太陽が燦々と降り注ぐ気持のいい日だった。

乗船のあわただしい中で、ふと「この船に乗り込むこと、それだけで決定的な一歩である。」と梅子は思った。

一〇月三一日午後二時、船は錨を上げた。

船が港を出、ゴールデンゲートを通り、太平洋に出てからも寒さに耐えながら、梅子は闇に包まれて見えなくなるまで「アメリカの最後」をデッキで見守っていた。北の航路を取るため船は長い間岸に沿って航行したからである。

荒れた航海

二度目の航海はアメリカ渡航のときよりも辛いものになった。「アラビック丸」からの第一信を梅子はベッドに横たわったまま書いた。それから一週間、荒れた天候はなおも続く。船のパーサーは五〇度も太平洋を往来したが、こんな荒れた航海は初めてだと断言した。たまにわずかの間陽《ひ》が差したかと思うと「そのつけを払わされるように、あられ、風、雪、雨の、ときにそれら全部が入り混じった嵐に見舞われた。」と旅日記にはある。

梅子は毎日定刻に船の位置を経度と緯度で記し、一日で進んだ距離を表に記録していたが、ある日などは二四時間かけて一三四マイルしか進まず、最低の記録を更新した。

揺れが激しいのは北回りの航路をとったうえにバラストが充分でないからだ、という説明がなされたが、梅子は船長の冗談めいた解説、「ミッショナリーが沢山乗っているからだ。」を書きとめている。

「アラビック丸」は主に移民を運ぶ船で、三等船客の中国人移民が四百名以上いたが、梅子たちが接する乗客はごくわずかで、その中では宣教師が目立った。梅子の率直な意見によると、

ミッショナリーたちは確かにいい人たちだけど、善い人たちや良い行いのことばかり一日中聞いているのは退屈です。わずかでも若い人たちがいたら、と私たちは何度も、何度もくり返し言っています。

「私たち」というのは捨松と自分のことである。旅日記のほうには「捨松と私はこんど航海するときには、まず乗客名簿をよく調べようと心中誓っています。」と書いている。

心身ともに活発に育った梅子には、よほど退屈であったと見える。捨松はトランプを持っていたが、デイヴィス夫妻にとがめられるのを恐れてトランプ遊びは控えた。代わりに梅子はチェスをし、本を読み、天気が許すときはデッキを一八周（一マイル）歩いた。揺れる中を船乗りの足つきよろしく、バランスを取りながら歩くことを覚えた、と書いている。

悪天候は続き、少しよくなったのは「アラビック丸」が日本に近づいてからである。旅日記を見ると、それとともに内なる嵐が外なる嵐に取って代わる。それは喜びと不安の入り混じった嵐であった。抑え難い喜びを感じたかと思うと、次の瞬間には「不思議な不安」が心を満たす。せめて母国のことばが話せたら順応するのもずっと易しいだろうに、と現実的に迫りくる問題を考えたりす

る。(二一月一九日)

旅日記の最後はそんな心の動揺をよく示している。書いては消した文章が目立ち、残った文章も断片が多く、普段は端正な筆蹟もかなり乱れている。

来るべき生活への梅子の心構えは、それより少し前、まだ幾分か冷静であったときに書いた部分に現れている。

何が待ち構えているか、私はよく知っている積りです。それから、家の人たちは私について、私の性格について、何ひとつ知りませんから、彼らの望むように振舞うよう努め、新しい生活においてわずかでも役に立ちたいと思います。

新しい生活はもう今まで長く続いたような空想と夢の生活ではなく、くっきりとした現実の生活です。その日の来ることに何度疑問を抱き、考え、恐れ、怖がったことでしょう。それがもう目の前に迫っています。この旅の短い記録を記し終えるまでにその日は来て、過ぎ去ってしまうのです。

乗客は皆私のことを非常にアメリカ人じみていて、外国人風だと思っています。でも、そう思うのは私が日本語を忘れてしまったからで、ことばはきっとすぐ覚えるのでは、と思っています。心の中では私は過去にも増して日本人であり、自分の国を愛し、誇りを抱いています。そして日本は、何が起ころうと、私がどこへ行こうと、私の国なのです。

日本人である、というこのきっぱりした表明は、心情の傾きというよりは自分に課せられた務めの認識を言い現したものであり、自分を説得することばのように響く。新しい環境になじむまでに手紙の中で度々くり返される「務め」ということばからもこのことがうかがえる。

母国の異邦人

母国に帰ってきた梅子は異邦人であった。単に七歳から一一年間をアメリカで過ごしたというのであれば、いわゆる「帰国子女」と似ているが、当時の状況を考えると今日の帰国子女、いや、外国人以上に様々な障害にぶつかった。

帰国して間もない梅子の経験の中には古い記憶の回復があり、新たな発見があり、興奮もあった。しかし、それ以上に顕著なのは落胆であった。

この時期の梅子の体験を再現するのに最も頼りになるのはランマン夫人に宛てた手紙であるが、第三者を意識せず、母親に話すように率直に語っているだけに、梅子自身が意識していなかったことまでが手紙の内容から浮かび上がってくる。

好奇の目で観察した日本の家屋、礼儀作法、服装などを描いた手紙はあたかも外国の特派員の記事のようである。着物については

お金持ちも貧しい者も着ている物はほとんど変わらず、みな美しく、柔かい、外国人の眼にはとても美しく映《うつ》る布地でできています。(一八八二・一一・二三)

と書いている。「外国人の眼」とは実は自分の眼を指しているのが面白い。帰国して二、三日しかたたないときに書かれた右の手紙には、我をふり返って書いたこんな一節も含まれている。

家族がキリスト教徒で、比較的外国風な家庭であることに感謝していますが、それでも不思議な気持がします。まるで移植された樹が新しい環境になじむのにしばらく時間がかかるような。しかもどんなに違う土に植え変えられたか、考えてもご覧なさい。(傍点筆者)

繁子や捨松以上に順応するのが難しかったのは、留学前の日本での生活が短かったことが理由として考えられる。

さらに年長の二人はアメリカで往来しやすい距離に寄宿し、ヴァッサー・カレッジに入ってからは毎日秘かに会って日本語で話していた、というから、帰国してからの順応はその分スムーズにできたはずである。

食事についての嗜みは驚くほど早く回復したが、ことばはそうはいかなかった。帰国してすぐの頃はまだ楽観的であった梅子も三週間もすると、日本語を習得するのは「ヘラクレスのような怪力を要する」(至難の)技である、と嘆いている(一二月四日)。

父親と海岸女学校を出た姉の琴子が通訳をつとめ、簡単な表現を教えてくれるが、思うように進歩しない。ハイスクールでクラスメイトよりもフランス語やラテン語が得意であっただけに梅子は時に情なく、口惜しい思いをする。

加えて家族との間には心理的距離がいや応なくできてしまっていた。ランマン夫妻と約束をした、とはいえ、夫人に宛てた膨大な数の手紙は梅子の孤独を物語るものでもある。

最初の二、三年は船の出航スケジュールに合わせ、一便たりとも逸すまいと書いている。しかも一通の手紙が二〇枚を越すものが幾通かある。出航に合わせ、投函ぎりぎりまで書き足していたのである。追伸を見ると

この手紙を読み返す時間はないので誤りが沢山あると思いますが赦して下さい。読み直すのに二十分はかかるでしょうから。

とあったり、またある時には

こんなに早く書いたことはありません。適切なことばが浮かぶのを待つのももどかしいのです。ペンは私の思いほど早くは動かせませんから。

と付け加えている。

この時期、手紙を書くことが梅子には一種の精神療法の役目を果たしていた、と言っても過言ではない。

たとえことばが通じても、全く異なる環境で育った梅子が真に家族と意思を疎通させるのは不可能に近かった。生みの親は今や育ての親のような存在になっていた。一七歳になった梅子には幼時

ランマン夫妻に抱かなかった遠慮すら感じられる。

もちろん仙と初子は梅子を大切にした。梅子の部屋にはベッドを入れたり、テーブルや即席の洗面台をすえつけたり、食事には必ずパンと「何か西洋風のもの」を添えるなど、気を配った。そんなことを梅子は逐一ランマン夫人に告げ、安心するようにと書いている。異国にいる「ひとり娘」の梅子を案じる夫人の気持が分かればこそ梅子は愚痴をほとんどこぼさなかった。

「幸せ」と「義務」

しかし、ランマン夫人への手紙で言っているほど梅子は幸せではなかったのではないか。それは津田塾大学に保存されている永井繁子の一通の手紙から推察される。繁子は

（梅は）あなたを恋しがり、あなたの家庭を、あなたの国を私たちよりもずっと懐かしがっています。家《うち》に泊まりに来たり、いや、二、三時間訪ねて来るときでもあなたのことばかり話しています。

と言い、その理由をこう説明している。

苦難と寂しさが彼女を抑圧し、彼女は寂しい女性になりました。彼女には今しばらく若いままでいてほしかったのですが、日本は自分の考えや行動力を持つ女性を明るく快活にしておく国ではありません。彼女は若い友人が、外国の快適さが、そして何よりも自由がないことを残

念に思っています。

彼女の父親は彼女にかなり厳しく、彼女を連れて友人を訪ねることを誇りにしていますし、彼女の面倒を細やかに見ていますが、やや古風で頑固な（？ 損傷、判読不能）人で、しかも理不尽に頑固なところがあり、梅もそのことを感じています。（日付なし）

繁子の家はアメリカ帰りの若者たちのサロンのような場所になっており、梅子はそこを訪ねることを楽しみにしていたが、思うように度々出かけることはできなかった。

右のような手紙を受け取って、ランマン夫人が梅子にアメリカへ戻るよう勧めた節がある。しかし梅子はこれを受け入れなかった。

梅子の気持は帰国二か月後の手紙から汲み取ることができる。

私が作法や慣習について（批判的なことを）書いたからといって、私が満足していないとか、幸せでないとか思ってはなりません。たとえそうできたとしても私はアメリカに帰ってはいけないのです。ここが私の国であり、故郷であり、ここにいることが義務だからです。私が幸せであること、そして仕事ができるようになればもっと幸せになる、とそれだけを信じて下さい。

（傍点筆者）

自分の手紙が時に「深刻」な調子を帯びるのは責任、立場、弟や妹の世話、といった務めがあるからだと説明し、続いてこうも書いている。

私が満足しているかと人に聞かれたら、幸せだときっと言って下さいね。家庭でも幸せだと言って下さいね。ほんとにそうなんですから。(ここでの生活は) 大きな変化で、不思議な変化には違いありませんが。(一八八三・二・二六)

不自然なほど「幸せ」ということばをくり返しているのが気にかかる。

梅子が手紙の中で「幸せ」とともにくり返し口にしていることばは「義務」、「責任」である。日本からの第二信(一一月二三日)に梅子はすでにこう書いていた。

捨松と私はこう思っています。たとえ何の障害がなくても、そして私たちがアメリカに戻ることがお膳立てされても——たとえ何年も先のことでも——道義的責任は私たちを日本に留まらせ、日本を自分の故郷と見なさせるでしょう。

日本政府は女子留学生ひとりにつき年に千円以上費やした。小学校教諭の初任給が月に五円足らずの時代である。

それだけの大金をかけた企画の締めくくりをきちんとつけなかったのは政府の怠慢であったが、二人は「道義的責任」を強く感じていた。

仕事を待つ——失望の日々

帰国して一週間もたたないうちに捨松と梅子は黒田清隆を「表敬訪問」している。開拓使は解散してしまったが、彼女たちをアメリカに派遣した責任者である黒田から仕事の話が聞けるのでは、という期待があった。同じ「アメリカ丸」で渡米した男子留学生は二、三年の修学で帰国し、かなりのポストについていた。務めを果たした二人が応分の仕事を期待しても当然である。二人は豪勢なもてなしを受けたが、仕事についてては何の手応えもなかった。

仕事を与えられる見込みもなく、それからしばらく梅子はもっぱら父の仕事や家事の手伝いに明け暮れる。有名人である梅子を仙は誇りに思い、知人に会わせようと連れ回った。就職活動でもあったと思われる。しかし梅子は時に父の期待を重荷に感じることもあった。

アメリカでホームシックになってもそれを現さなかった梅子は、一一年たって意志の強い女性に成長していた。それでも一度は弱音らしいものをランマン夫人にもらしている。

でもあなたには隠しません。よく憂うつになって、アメリカなんかに行かないほうがよかったのでは、と感じることがあります。私が教育を受けたことは誰の役にも立たず、しかも他人との違いを私に悲しく感じさせるだけですから。

繁は幸せで、結婚しています。捨松は日本語をすっかり取り戻しました。なのに私は、私だけが、日本人に囲まれていながら外国語しか話せず、ことばを理解することさえできないのです。（一八八三・一・三）

一八歳になって三日目に書いた手紙である。どんなにか悲しい誕生日であったろう。

ランマン氏手書きのリストによると、梅子がアメリカを発つとき、数百冊の本、ボルティモアから注文した「すばらしい」ピアノ、いろいろなジャンルの絵画のコレクションを梅子に持たせた。氏の説明では

これらは皆梅子がつましくお金を使った結果で、（何を持たすか）選ぶに当たっては将来どんなに沢山の高価な衣裳や、芸術的に下らないものよりも彼女に大きな満足を与えるような物にした。

とある。それまで培ってきた教養に磨きをかける品々であったが、教師となるはずの梅子の役に立ちそうなものを夫妻は心をこめて選んだのである。

残念ながらその品々や才能を活かせる日はまだ遠かった。仕事を待つ間に梅子は父親の商用の手紙を書く手伝いをしたり、姉とおばとともに沢山の妹や弟の世話に明け暮れた。（母初子は梅子が渡米する直前に双子を生み、梅子の滞米中にさらに四人の子供を生んだ。）ようなという妹を同室に寝かせてその面倒を見たり、またのちにふきという妹を桃夭女塾に入れたり、弟元親の渡米に力を借したり、若い親代わりのように働いた。梅子が「急に年を取ってしまった」と感じたのも無理はない。

姉の琴子は実業家上野栄三郎と結婚して間もなかったが、夫は商用の旅行やアメリカ滞在で留守がちであった。母の初子はアナ・ハーツホーンによれば根っから封建的な育ちをした人で、相次ぐ

妊娠と病気でほとんど家に閉じこもっていた。

口に出してこそ言わなかったが、梅子にとって母や姉は自分がもし日本で育っていたならば、そうなったであろう女性の生き方の見本であった。そんな状況を見て梅子は仕事につきたいという思いをますます強くする。

「仕事が見つかればもっと幸せになれる」とランマン夫人に打ち明けながら、なぜとは言わなかったが、幾つかの理由が考えられる。

まず、ピューリタンの家庭で育った梅子にとって勤勉は当然のことであり、何か役に立つことをしていなければ気が済まない。また、政府が出してくれた学資を仕事を通して返さなくてはならない、という義務感。さらに仕事は、「梅が一番欲している」と繁子が言った「自由」を意味した。実際に梅子が常勤の仕事につくまでには一年三か月待つことになる。その間の焦りと失意は新しい環境への順応を一層辛いものにしたと思われる。

しかし仕事を与えられないまま、無期限の待ち時間を過ごす間も梅子の頭は活発に働いていた。周りを観察し、我身の過去と現在を比べ、自分の立場を定義づけようとしていた。

使命の自覚

帰国してから梅子が遭遇したいろいろなカルチャーショックの中でも、最も強い衝撃を受けたことがひとつあった。日本とアメリカを比べて梅子はこう書いている。

あゝ、女性はひとつならず、いろんな意味で人生の一番辛い部分を背負っています。アメリカにいるときでさえ、私はよく自分が男であったらいいのに、と思いました。あゝ、日本ではもっと強くそう思います。可哀そうな、可哀そうな女性たち。あなたたちの地位を高めるために何かをしたいと私はどんなにか思っていることでしょう。（一二月七日）

それにしても鳴物入りで始まった女子留学生派遣は何だったのだろう。皇后から授かった「お沙汰書」の約束はどうなったのだろう。自分たちは近代国家の証しとして、文明開化のジェスチャーとして宣伝に使われただけなのだろうか。そんな思いを梅子は当然抱いただろう。気丈な梅子の手紙にさえため息や不平が時に聞きとれる。と同時に梅子は自分の置かれた状況を歴史の流れの中でとらえている。帰国した一八八二年の最後の手紙にはこう書いている。

確かに人々はこう言っています。今は保守的な党が権力を握っていて、進歩や外国人に強い反感を抱いています。しかしこれは過去二〇年間に行った大きな変革に続く反動だと考えるべきでしょう。

近代化が上げ潮のときに少女たちは波に乗せられたのであるが、その潮はいま引こうとしている。そう認識しながらも梅子は容易には挫けなかった。同じ手紙の一節で、日本に留まり、自分の使命を果たす決意を表明していることがその証拠である。

よく皆さんにもう一度会いたい、アメリカへ帰りたい、と心ひかれますが、今と違う状態になって欲しいとは思いません。と言いますのも、私は役に立たなければいけないと感じているからです。私が多くのことを知っている、というからではなく、私は教育を受けた日本人女性だからです。日本の女性のためになさねばならないことがほんとに沢山あるからです。（一二月二八日）

三日後に一八歳の誕生日を控えていた。

荒れた航海のあと、新しい土壌にほとんど根を下ろしてはいなかった。開花するまでには長い冬を越さねばならない。しかし、無為に見える日々も全く無駄ではなかったようである。これだけ自分の使命を認識し得たのだから。

自分の立場を自覚すらしていない女性たちに対して梅子が感じたいらだちは一度ならず手紙に現れている。そんな女性たちに手を貸そうにも機会を与えられない。見通しさえつかない。それでもその仕事を使命と感じていたことがその後の梅子の進む方向を決めた。

この頃の手紙で目立つもうひとつの話題はミッショナリーのことである。知人はまだアメリカ人が多い梅子の意見としては奇異に聞こえるかも知れないが、宣教師たちについての意見は辛辣なものであった。彼らの司る教会をいくつか訪ねるうち、彼らが宗派にとらわれ、自分たちの仲間うちに閉じこもっている様子を知り、梅子は失望する。

アメリカ人はあまりにもお高くとまっていて、充分日本人と交わろうとはしません。（一八

（八二・一二・一七）

そう見てとった梅子は日本人が自立、自助する必要を感じ、自ら行動を起こさなければ、と主張する。

外国で生活することによって自分の国を客観的に見る、と同時に故国との絆を意識する、ということはよくある。しかも梅子は国費留学生であることを常に意識させられ、ランマン氏によって「国の恵み」と成るべく育てられた。外国人として育った梅子の中に国を思う心はそうして培われた。これは矛盾であり、梅子の葛藤を深めるものであった。

しかし、この時期の手紙でくり返される話題のうち、重要なものふたつ――女性の低い地位と自助の必要性――を合わせて見れば梅子の志すところが見えてくる。「日本の娘」として日本人のために、中でも「姉妹」のために力を尽くすこと、がそれである。

第四章　註

（1）　資料室に保存されている。以下の引用も同じ旅日記に基づく。帰国後の書簡はランマン夫人宛てのものである。その大半は *The Attic Letters : Ume Tsuda's Correspondence to Her American Mother* に収められている。

（2）　一八七五年一月には三人の子供も受洗させた。

第五章　模索と失意

仙の事業と進取性

梅子滞米中の仙の活躍は、梅子のその後に大きな影響を与えるもうひとつの要因となった。仙が帰国した娘に何を望んだか、というよりは仙が何をしてきたか、ということが梅子の目指す方向を明確にしたからである。

梅子がアメリカに着いた翌年（一八七三）、仙はウィーンで開かれた万国博覧会に佐野常民の随員として赴いた。そこでダニエル・ホーイブレンクと出会ったことは大きな収穫であった。ホーイブレンクはオランダ人農学者で、フランツ・フォン・シーボルトが一八三〇年に日本から持ち帰った日本の植物の世話をしていた。そんな縁から日本人に好意を抱いていた。仙がすでに西洋の野菜、果樹を日本で育てていることを知り、仙に農業の手ほどきを授けることに同意した。

仙は母親の死去で予定を縮めて帰国することになったが、帰国後師の口述をまとめ、『農業三事』として一八七四年に出版する。アメリカ訪問で触発された「科学としての農業」への興味はこうし

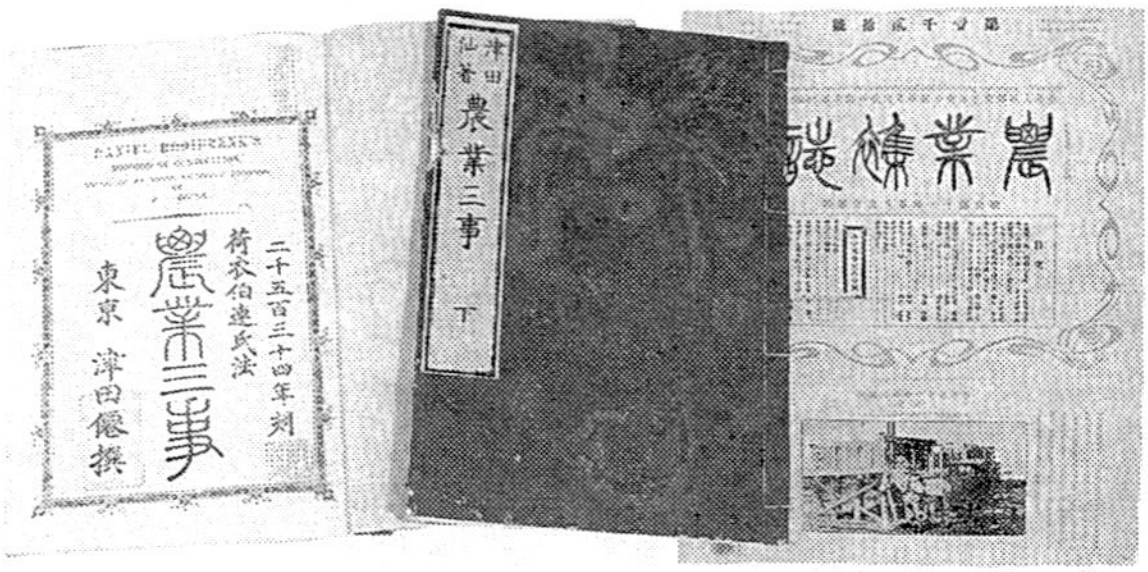

仙が著した農業関係書

てさらに深められた。

『農業三事』の実践のひとつとして、仙はまた人工触媒のため「津田縄」と呼ばれる道具を考案し、一八七四年に実験を始めたが、一時は大変な人気を博し、二〇〇名の女工を雇い、日に千本生産していた。一八七七年には宮中に召され、その使用法を天皇の前で実演している。(1)

近代農学の先駆者としての仕事は、やがて一八七六年に農学社農学校を設立することで確立される。(2) 札幌農学校より半年早く開設されたこの学校には、地方の官庁からも委託生が派遣されるほどで、福沢諭吉の慶応義塾、中村正直の同人社、尺振八の英学塾と並び称せられたという。当時農業が日本で占めていた位置を考えるとその重要性がうなずける。

農学社設立と同時に仙は『農業雑誌』を発行し、農業技術の改善を世に広めようとした。注目すべきことは、仙の学校は単に技術を授ける場ではなかった、ということである。学生には礼拝、聖書の講読を通してキリスト教の精神に触れさせ、また実践を通して農業の尊さを諭した。フルベッキや、自分の洗礼を司ったソウパー師などを招いて講話を聞かせたりもしている。

仙の考えは、『農業雑誌』の表紙にモットーとして彼が選んだジョージ・ワシントンのことばにもよく現されている。

農業は人間にとって最も健全な、最も有用で高貴な営みである。その信条を身を以て示すかのように、仙は一八八一年に「士族」から「平民」と戸籍の登録を変えている。

経済難から農学校は一八八三年一二月に閉鎖されるが、明治女学校、『女学雑誌』を通して女性の目覚めを促した巌本善治などを世に送り出した。

仙は農学社設立以前からすでに教育に関与していた。一八七四年に海岸女学校[3]が設立されたとき、仙は設立者のひとりに加わっており、また翌年には中村正直、岸田吟香とともに楽善会[4]を設立している。

仙は輸入だけではなく、アメリカに樹木の輸出も行っていたが、その中で特に有名なのは柿で、その品種は「ツダ」という名で知られた。

仙はまた皇居の濠端にアカシアを植え、日本で初の並木道を作った。一八八〇年、アメリカの元大統領ユリシーズ・S・グラントが夫人を伴って来日したとき、上野公園で夫妻が記念植樹に用いる木を選んで用意したのも仙である。

仙の進取の態度は、英語の学習、キリスト教入信などにも見られるが、思想的には明六社加入も見逃せない。核となった森有礼や福沢諭吉、中村正直に比べると地味な存在で、『明六雑誌』に寄稿したのは人工触媒についての一文だけであるが、この知的結社の一員として当時の最も進んだ思想に晒されていた事実は見落とせない。

結婚について

梅子が生涯仕事に打込もうと決めるまでにはなお曲折があった。帰国して一か月で繁子は結婚した。政府が仕事を与えてくれる気配はない。アメリカへ戻ることは考えられない。そうなれば結婚が唯一残された道のように思えた。事実捨松も帰国一年以内に結婚することになる。「結婚」は自然と三人の友人の話題となり、ランマン夫人との文通にしばしば現れる。

帰国して約一か月後、日本の女性が一四から一六歳で結婚することに驚きを現しながら、自分についてては

父が早く私を結婚させたいとか、結婚してほしいとか考えているとは思いません。少なくともしばらくの間は。父はそんなことを全く言いませんので、私も全く心配していません。年も取りすぎていますし。(一八八二・一二・二三)

と書いている。あと一週間で一八歳になる。仙が娘の結婚のことを考えていないはずはない。もし支障があるとすれば一番大きな支障はことばである。梅子自身、ことばも作法も知らない自分に妻の務めが果たせるわけがない、とランマン夫人に言っている。

仙は娘を嫁がせる基本的な条件が整うのを待っていたのか。それとも梅子に大きな仕事を期待していたのか、これは定かではない。先にあげた繁子の手紙はこのことに触れ

> もし立派な地位と財産を備えた人が現れたら、津田氏は梅が結婚することを望むでしょう。梅はそれを恐れ、きっとそうなると思っています。でも私は彼女がそんなことにひかれることを望みません。あゝ、ランマン夫人。日本人にとって地位と財産は全てなのです。私は彼女の未来が幸せであることを期待しています。そうでなければ我慢できません。

と書いている。繁子の観察が正しければ、梅子はランマン夫人に心配をかけないよう、結婚問題を控え目に話していたことになる。

　進歩的と思われていた仙ではあったが、父親として娘に恵まれた条件で結婚してほしいと思ったとしても自然であり、仕事を与えられる見込みがないのであれば、結婚させるのが唯一残された現実的な道と思われた。

　嫁がせる条件が整うのを待っていたのだとすれば、梅子の選択は皮肉な結果であった。父親の意思に背き、父親の行ってきた仕事にならって自分の進路を固めていったからである。

　繁子は在米中に出会った海軍中尉瓜生外吉と結婚した。捨松は仕事が与えられないのなら塾でも開こうと一度は思い、親友のアリス・ベイコンに百ドルの借金を申し込んだが、兄健次郎の強い反対に会って実現しなかった。[5] 迷った末結局結婚を選ぶことになる。

捨松の結婚

帰国して四か月後、初めて三人の旧友が夜を徹して話し合う機会を持った。そのときの話題は、梅子によると「いつもと同じ、私たちの重大な責任と、それを果たす可能性の不確かなこと」だった。また、三人の置かれている立場を梅子はこう語る。

私たちには友人がいません。お互いを除いては本当に気の許せる友人はいません。私たちの考え方は日本人と違いますし、ここにいる外国人とも非常に違います。ですからお互いに助言し、助け合い、助言してもらえるのは私たち三人だけなのです。（一八八三・三・二七）

三人が「運命共同体」であると強調したこの手紙のクライマックスは、皮肉にも捨松の婚約のニュースだった。

ランマン夫人を驚かせようと、気を持たせるような長い文章のあとにこのニュースを伝えている。興奮した口調で「よい知らせ」として伝えているが、どこか失望した響きがある。というのも、アメリカにいる頃に、捨松、アリス、梅子の三人はいつか自分たちの学校を作ろうと約束していたからである。その「夢の学校」はますます遠去かって行くように思えた。

三人のうち自分だけが違う立場に留まる、というだけではなく、学校を作る、という大きな夢を実現させるパートナーを失うことになるからである。

捨松は結婚せずに、アリスをアメリカから呼び寄せ、梅子と協力して学校を作るはずだった。そんな少女たちの夢は早くも砕けてしまった。計画を練り直さなければならない。ランマン夫人へのこの手紙は状況の説明と捨松のための弁解と、そんな結婚を自分はしない、という気持が複雑に交錯したものとなった。

大山巖は捨松より一五歳（実は一八歳）年上で先妻の残した子供が三人いる、と新郎について説明したあと

　でも愛がなければ結婚してはいけないなんて言ってはいけません。それは日本を知らない人の言うことです。ここではたいていそうなんですが、愛はそのあとで生まれるでしょう。それにこの結婚がどんな玉の輿であるか、望みの高い、贅沢な（私たち女の子は皆そうですが）捨松にとってどんなに魅力であるか、考えてみてご覧なさい。確かに彼女の立場は楽なものではありません。でも彼女は（結婚することで）沢山の善いことを行えるのです。でも私は彼女のことを羨ましく思いませんし、どんなことがあっても彼女の立場に立ちたいとは思いません。

梅子の中で相反する気持がせめぎ合っていることは、いくども使われている逆接のことばから察せられる。しかも息もつかずにこれだけ語っているのである。

大山巖は会津城落城のときには官軍の砲兵隊を指揮していた。いわば山川家とその主君松平家の宿敵である。時代は変わったとはいえ、捨松と大山の結婚に抵抗がないわけはない。しかしこの結婚話が持ち上がったとき、大山は陸軍卿で、捨松の長兄浩の勤める陸軍省の長であった。「適齢期」をとうに過ぎてしまった捨松にとってまたとない「玉の輿」と俗人には思えたであろう。梅子は右

の因縁をいっさいランマン夫人に語っていない。ただ捨松が持つことになる「影響力を用いて日本のためによいことをしてほしい」と期待を述べている。

捨松は最も親しい友人アリスに結婚の決意をどう伝えようかと迷っていたようである。自分で伝えないうちに結婚の噂がアリスの耳に入ってしまった。誓い合った夢を破ってしまうという後ろめたさからためらっていたとも思われる。やっとアリスに書いた手紙で捨松が行った説明は、結婚によって手にする影響力で社会の、日本の役に立ちたい、という旨のものであった。梅子が述べた期待と酷似しているのは、捨松が梅子や繁子にもそう説明したからだと思われる。

捨松の伝記『鹿鳴館の貴婦人』は、捨松に思いを寄せていた東大教授が誰であったか、推理している。「ハンサムで、アマースト大学を卒業していて、クリスチャンで、清い心の持主」であり、しかも「梅を除いて日本人の誰よりも英語が達者な」年相応の男性。[6] なぜその人とではなく、大山と結婚したのか、その動機はいまひとつ明らかにされていない。

恋愛結婚をした繁子はこの結婚にもろ手をあげては賛成しなかったようである。先にあげたランマン夫人宛ての手紙で、仙が「地位と財産」を備えた人と梅子を結婚させるのでは、との危惧を現したあと、捨松については

　彼女はあまりにも急に、あまりにも深く日本のやり方に戻ってしまったといえるかも知れません。でも、もし何かお耳に届いても彼女を責めないで下さいね。

と書いており、「何か」とは捨松の結婚を指しているからである。

愛なき結婚を拒否

夫人は捨松を責めなかった。むしろかなり肯定的な反応を示したようである。それを知り、梅子は「私より喜んでいらっしゃるように思えました。」と夫人に書き、続けて

私もそんな結婚をしたいと思ったことがあるかどうか、とお尋ねですが、絶対にありません。捨松にとってさえ《ママ》、彼女のおかれる高い地位にもかかわらず、繁のほうが中尉の妻として未来も、現在もずっと幸せです。（一八八三・六・六）

と述べている。繁子のような恋愛結婚は望むべくもない。右の文と同じ段落で梅子はこうも言っている。

でも私は自分の学校を持ちたいと思いますし、結婚はしません。絶対にしないというわけではありません。というのもひとりで生きていくことは大変辛い、あまりにも辛いことですから。

これより先に梅子は「日本では独身でいて、しかも自立して尊敬され、友を持つことは不可能です。」（一八八三・二・二〇）と書いている。

梅子は結婚を拒否したのではない。「愛なき結婚」を拒否したのである。それが世間で普通に行われていると知っていても受け入れるわけにはいかなかった。

捨松の婚約を告げる手紙の一か月前、おそらく捨松の結婚が三人の親友の話題になっていたころ、梅子はランマン夫人に「結婚」について助言を求めている。「もしも」、「万一」、と仮定の話であると念を押しながら、梅子は愛がなくても結婚をすべきかどうか尋ねている。

もしも私が誰かを愛することになるまで待つとしたら、私は結婚しないことになるでしょう。だって一体どこに恋をするような相手がいるのでしょう。繁のところ以外では独身の男性なんてほんのわずかの間か、一度切りしか会えませんもの。(だから) 結婚しないほうがいいと思うのです。(中略) どう思われますか。それから、このこともですが、父が望む人であっても、私が結婚したいと思う人でなければ断ってもいいと思われませんか。もちろん父の意思に逆らって結婚しようとは決して思いませんが、父が望むからといって自分の気持に反して結婚することを拒んではいけないとは思いません。(中略) もしもいい話で、父が私を促すようなことがあれば、日本人は私が間違っていると思うでしょうから、私は意志を固くして断る必要があるでしょう。

(中略) 繁のところで話し合って分かったのですが、繁はアメリカにいるうちに婚約をしたことをほんとに喜んでいます。(一八八三・二・二〇)

結婚についてこれだけはっきり自分の意思表示をしたのはこの手紙だけである。

捨松の結婚が決まると、捨松、繁子、それにランマン夫人の三人は梅子のことを案じ、さかんに結婚を勧めるようになる。よほどその説得が激しかったのか、梅子はおせっかいはもうやめてほしい、ときっぱり手紙に書いている。自分なりに充分考えてのことだった。

二つの違う文化と習慣の間《はざま》で梅子は人生の重大な時を失っていたのである。アメリカに留まっていれば、これから一番美しく開花し、恋もしたであろう。戻って来た国では一八歳はすでに婚期を逸するような年齢と見なされていた。花嫁修業どころか、ことばを自由に操るようになるまでの猶予期間さえない。しかも愛のない結婚など梅子には考えられなかった。

梅子に取材して書かれた吉川利一氏の最初の伝記は結婚についてごく簡単にこう記している。

結婚の話も度々あったが、その都度あっさり断っていた。格別深い理由があるのでもなく、無論独身で通そうというような考えもなかったが、梅子の望むような青年は自分のまはりには見出しかねた。(7)

梅子が取材に応じたのは右の手紙が書かれてから約五〇年後のことである。若い日の葛藤はこう片づけられていたのだろうか。残された手紙はそれがもっと悲痛なものであったことを物語っている。

自分の選択

たとえ社会的に恵まれた、捨松のような結婚でもしたくない、と言明した手紙から四日後、梅子は自分の興味のありかを表明するかのようにランマン夫人にこう書き送っている。

お金のことはまだ頭の中で解決していません。（世間の）ひんしゅくを買うことなく、自分で学校が持てる見通しが立ち、結婚——いまわしい話題——のほかに何か人生の目的を持って生きていくことができればそれで充分です。（六月一〇日）

「いまわしい話題」と言っているのは、二人の友人とランマン夫人がくり返し結婚を勧めることにうんざりした気持を現したものである。独身でいることが家族の負担になる、不孝であるという世間の通念の圧力に負けて「便宜的な結婚」、「強いられた結婚」をしないためにも、女性は自立しなければならない。人生に他の目的を持つことは女性の生きていく上での選択をひとつ増やすことにもなる。

梅子は自分ひとりの選択に留まらず、唯ひとつの選択に縛られた女性たちを解放する道として職業（キャリア）と女性の自由を結びつけた。

また、たったふたりの親友と異なる存在になることに耐えたのは、女子留学生に課せられた本来の使命を頑なまでに遂行しようとしたからである。捨松という協力者を失くして、夢はますます遠去かる中で、梅子はひとり残った自分の責任をより強く感じたとも考えられる。

右の手紙で梅子は初めて具体的に「学校」の構想を話している。

この冬はまだ何もしませんが、来年の秋には二〇人ぐらいの生徒で始め、彼女たちと起居をともにしたいと思います。（中略）いろいろ不快なこともあるでしょう——人生は難しいですものね——でも私はきっと満足すると思います。

寄宿学校と決めていたのは「最も影響を及ぼしうる」形の学校を望んでいたからである。アリス・ベイコンを招いて助けてもらう、という考えも述べている。

自分を勇気づけるようにこうして構想を練っても、学校はまだ空中の楼閣に過ぎない。しかしその間、この仕事が有意義であるという認識を深めることには役立った。

女性の地位に対する憤り

「有名人」の梅子は様々なパーティや晩餐会に招かれるが、そこで出会う日本のエリート男性の姿は結婚を促すような好印象を与えはしなかった。生活は「退廃的」で、大酒を飲み、女性を大切にしない。大臣たちの多くは元芸者を妻にしている。そんな様子を観察して、日本の女性を何とかしなくては、という思いを強くした。

私の気持は日本の女性たちに注がれています。彼女たちも咎《とが》められるべきですが、彼女たちの置かれた地位を考えるにつけ、怒りに燃えます。日本の男性（が横暴なの）は彼らのせいではありません。甘やかされ、自分の姉妹や母親、やがては妻たちに君臨するよう育てられるからです。それでも女性はよくなることを期待していないのです。

あゝ、ランマン夫人。あなたに私の気持が分かろうはずもありません。アメリカでも、日本でも、日本の女性がそれで満足しているということは誰にも理解できません。外国人が彼女たちを助け、そのために働き、同情しても、彼らは私とは違うのです。私は彼女たちの同胞だからです。

しかも変革は全く不可能に思えます。現状は深く彼女たちの中に根ざし、すっかり根づいているからです。彼女たちの考え、行動、女性的でないと思われることへの恐れ、彼女たちの無知、迷信、愚鈍。男性からましな扱いを受けることなど期待していず、自分たちは劣っていると感じ、向上しようなどとは全く思っていないのですから。（一八八三・五・一三）

男性の意識もさることながら、まず女性自身の意識の変革が必要である、という考えは右の文から明らかである。その変革をもたらすのは教育であると梅子が信じたのは次の例から分かる。

「アラビック丸」の乗客にただひとり三等船客でない中国人とその妻がいた。日本の女性の姿に接する前に、この中国人女性を観察して梅子は「旅日記」にこう記している。

彼女を見ると悲しくなります。二〇歳にはなっているはずですが、美しいその顔には知性の輝きが全く見られず、美しいその目からは理解の光りは全く輝いていません。彼女の表情やしぐさは、何も知らず、全く何も教えられたことのない、あどけない小さな子供のものです。子供でさえ彼女よりも性格や意志がうかがえる表情を持ったものが沢山います。わずかな教育が、ほんのわずかでも、人の表情にどんな違いをもたらすか、そしてはるかに大きな違いを心にもたらすか、それは驚くべきことです。（中略）

東洋の女性は、地位の高い者はおもちゃ、地位の低い者は召使いにすぎません。それ以上の何ものでもありません。

しかし女性が過去に行ったこと、行いうること、また時に忍耐、強靭さ、性格の強固さにおいて男性にも優る、ということを考えてご覧なさい。

日本に着いてみると同じような状況があった。また、身分は高いが、封建的なしがらみに生きる女性を批判して、「人は無知を見て初めて知識の力の大きさを実感するのです。」（一八八五・三・二四）とも言っている。

女性を啓蒙する、といってもそんな働きをさせてくれる機会さえ見出せないもどかしさに、梅子は時に悲痛な叫びを上げる。

私が死ぬことで日本の娘たちの地位を高めることができるのなら、喜んでそうするでしょう。何かでも、こんな気持を高貴なもの、とか英雄的だとか思わないで下さい。生命を投げうち、何かが達成されるのを見るほうが、ただやみくもに手探り、試み、目的が達成されないのを知り、不可能なことについていら立ち、心悩ませるよりは簡単なことでしょう。（一八八三・五・二三）

こんな叫びを聞き、ランマン夫人は梅子にアメリカに戻ることを勧める。しかし右の手紙の一週間前にすでに梅子は帰れない、という気持を現していた。

義務がそうすることを私にはっきり示さない限り、日本を離れ、どこか別の所で生活するようなことをすれば、私は自分が意気地なしで、脱走兵のような気持になるでしょう。女性の無知に出会って、教育を受けた自分がいかに恵まれていたか、と知ればこそ、この稀な恵みを他の女性たちに分かち与えなくては、という気持も述べている。（六月二三日）

臨時雇いの仕事

一八八三年春、梅子は海岸女学校で臨時に教えるよう請われ、これを受けた。ミッション・スクールは「貧しい人たちが娘をやるところ」で、校内では「盗みもひんぱんに行われる」といった否定的な印象を抱いていたが、引き受けたのである。帰国して半年足らずのことで、こういった印象は多分に回りの人たちの偏見を反映したものと思われる。

メソディスト派の海岸女学校は当時築地にあり、五〇人ほどの生徒が在籍していた。梅子は初等読本、歴史、文法、地理、英会話、読み方、綴りなどを担当し、週四日教えて月給二〇円という条件だった。

約束の一学期が終わり、秋に継続して教えてほしいと学校から請われたが、梅子は断った。望んでいたような職場ではなかったこともあるが、自分が代理を務める外国人教師の四分の一か五分の一の給料しか出さない、という差別も快く思わなかった。

再び仕事を待つ生活に戻った梅子は、編物用の鉤針や商業通信、法律の書式の本をアメリカから送ってもらっている。家事や父親の仕事を手伝って過ごしていた日常が目に浮かぶ。一時は物書きに手を染めようとも思った。少しは「お金を稼ぎ、書く訓練にもなる」と思ったからである。その秋、アメリカの知人のグループと一緒に富士登山を行い、その体験記を綴ってランマン氏に送っている。しかし、この一文はアメリカの新聞社には送られなかった。氏は梅子の伝記に含めるつもりでこれを取っておいた。

幻の伝記

実は帰国してまだ三か月しかたたない頃、ランマン氏は梅子の伝記を書きたいと申し出ている。（梅子の「旅日記」などを含めたものにするつもりでいたことは、津田塾大学に保存されている二つの章立てから明らかである。）梅子は強く反対した。

私はまだ何もしていない、ただ変わった体験をしたというだけの小娘です。書くに値することなどまだ何もしていません。（一八八三・二・二〇）

と言っているが、このあと「何か書く値打ちのあることをするまで待っていて下さい。」と付け加えている。

ランマン氏の熱意をなだめるためであったか。ひそかな志をほのめかしたものか。（私たちにとっては百年以上も前に梅子の英文伝記が書かれていたかも知れないと思うと梅子が断ったことは少し残念である。）

伊藤博文

ランマン氏は手紙だけでも出版したい、と申し出たが、これも強い反対にあっている。「ランマン夫人（に宛てた手紙）は私の日記であり、他人に読ますようなものではない」とその理由を述べているが、梅子は自分の置かれた危《あやう》い立場を心得ていたのであろう。日本人であり、アメリカ人でもある自分の意見が日本人ばかりか、日本にいるアメリカ人の反感さえ招きかねない、と思ったからである。

折しも国内では反動の空気が濃くなるばかりであった。その秋「古い日本への熱狂ぶり」、「外国人や進歩的なもの全てへの反感」が手紙の中で語られ、高等女学校では洋式の家具までが廃棄された、と告げている。（一八八三・九・二二）

伊藤博文との再会

帰国して一年目が終わろうとしていた天皇誕生日、外務卿官邸で祝賀の夜会が開かれることになった。繁子の実兄増田孝を通して梅子も招待を受けた。手紙から判断すると、この舞踏会は梅子にとって単なる気晴らし、社交的栄誉などではなかった。そこで出会う人たちが仕事の手助けをしてくれるのでは、と梅子は期待をかけていた。そして伊藤博文との再会が期待を現実に変える事となった。

「伊藤公の思い出」と題する英文随筆によると、

　突然、身なりやつけている勲章からそれと分かる高官が私に近づいて来て、愉快そうに眼を輝かせながら、「私が誰だかお分かりかな。」と尋ねた。私が頭を横に振ると、からかうようにもう一度「さあ、誰でしょう。」とくり返した。それでも私はその顔や目鼻立ちを思い出せなかった。ついにその方は微笑みながら、「伊藤ですよ。憶えていませんか。」と言った。「最後に見たとき、あなたはこれ位でしたよ。」と手で背の高さを示しながら言った。それから二、三アメリカの生活について尋ねると人ごみの中に消えていった。しかし、その短い時間は私にとって忘れ難いものとなった。私の人生に大きな変化をもたらしたからである。(8)

「アメリカ丸」に乗ってともに太平洋を渡った一二年前、五人の大使のうちで一番若かった伊藤も今は四十半ばで、宮内省の長として備わった威厳も加わって、梅子には分からないほど変わっていたのである。

再会は短いものであったが、伊藤は梅子のことを心に留めていた。それを知らない梅子は仕事につきたいと焦っていた。

舞踏会の五日後、捨松は結婚した。その同じ週に繁子には子供が生まれた。親しい三人組《トリオ》の中でも自分は異なった存在であることをいやでも感じた。

捨松の結婚披露宴について書いた手紙の中で、ランマン夫人に月三〇円あれば独立できる、家族の負担にならないよう自立したい、と訴えているのも偶然ではない。津田家の経済状態は芳しくなかった。しかも収入を得ることは単に経済的自立を意味することではなかった。梅子は自分がまだ一部は「公けの所有物」であると信じ（一二月一八日）、そういう立場で役に立つ働きをしなければ、と信じていた。

桃夭女塾と伊藤家

舞踏会から半月後、伊藤は梅子に翌年の春から桃夭《とうよう》女塾で教えるよう手配した。女官を七年間務め、有名な歌人でもあった下田歌子の学校である。「桃夭」は「美しきこと夭《わか》き桃の如し」という『詩経』の一節からとったもので、歌子自らの命名であった。

結婚のため女官を辞めた歌子が三〇歳で夫を失ったとき、伊藤を始め、政界の有力者が支援して作った学校で、公家や維新で力を得た伊藤のような政界有力者の妻や娘に教育を授けるのがねらいであった。事実、元芸者であった伊藤の妻も山県有朋の妻も最初の生徒のなかにいた。

授業の他に、梅子は歌子に英語を教え、歌子から日本語と書道を教わる、ということになった。これ以上のものは望めない「交換教授」であった。

伊藤家が学校に近いこともあり、伊藤は梅子に夕食は自分の家で取り、妻や娘に英語を教えることも合わせて依頼した。

一九歳の誕生日を目の前に、こうした意外な展開に梅子は大いに喜んだ。「祈りが通じたのです。」とランマン夫人に告げている。

この知らせを追うように、伊藤からさらにひとつの申し出を受ける。自宅に住んでほしいという申し出であった。外務卿井上馨の留守中その代理を兼務することになった伊藤にとって、梅子が妻の通訳とアドヴァイザー的な仕事をしてくれたら助かる、という考えであった。伊藤は梅子の父親に会い、説得した。

梅子は家を離れることは「脱走兵」のようで、家族に済まない、とためらうが、伊藤が父親に「梅子自身のため、日本のため」そうさせてほしい（一二月一八日）と説得したのを知り、申し出に同意する。

ランマン夫人への手紙には、これが「将来自分の仕事に、自分を役立たせる機会」を増すことになる、とか「宮中には自宅からは出仕できない」とかいう文章も見られる。（後者は元駐米公使の吉田が女官任命の可能性をほのめかしていたからである。）

こういったことを率直に話しているのは、相手がランマン夫人であったからと思われる。梅子は、留学の本来の目的であった仕事につくきっかけとなったこの展開を素直に喜んだ。

このことを知らせる手紙にはもうひとつの豪華な晩餐会のことが書かれている。大山巖、捨松の結婚披露宴のことである。梅子は少しがっかりした調子で、昔「スティーム（蒸気）」という渾名をつけられていた捨松が「本物の日本人的な妻」のように振舞っていた、と書いている。明らさまに批判はしていないが、「私は仕事ができることでもっと幸せです。」と書いているのは偶然ではあるまい。

伊藤が借りたいというピアノとともに梅子は伊藤家に移り住む。一九歳になる直前のことである。

第五章　註

（1）天皇が仙の農園を訪れ、その仕事を励ました、というエピソードは梅子の伝記にはないが、Clara Whitney, *Clara's Diary*, pp.82—83 に記されている。
（2）一八七六年一月、麻生本村町で開校。
（3）当時小学校。後の青山女学院。
（4）後の東京盲啞学校。
（5）久野　一三五頁。
（6）久野　一四六—一五三頁。
（7）吉川　一七一頁。
（8）"Personal Recollections of Prince Ito," *The Writings*, pp.489—497.

第六章　華族女学校と鹿鳴館時代

伊藤家に移り住んだ梅子は家庭教師というよりは客分の扱いを受けた。これは伊藤が仙に約束した通りであった。のちに追悼記事として梅子が書いた「伊藤公の思い出」は、気さくに使用人や庭師などとも話を交わす伊藤の人情味ある一面を描いているが、伊藤は暇があると梅子と語り合った。

日本初のバザー

憲法起草のためヨーロッパに滞在して帰国間もない伊藤と梅子は、年齢、地位の隔たりを忘れて様々なことについて語った。宮内省の長として行っている宮中儀式の簡素化、キリスト教、社会問題、女性の仕事などにも話題は及んだ。伊藤はドゥ・トックヴィルの『アメリカの民主主義』の英訳を梅子に貸したりもしている。

一八八四年春から桃夭女塾の授業も始まり、専任の職を得て梅子は生き生きとしてくる。イギリスから帰国した森有礼とも再会し、二人の息子の家庭教師を引き受けた。

伊藤家の日常について梅子がランマン夫人に語っているところから判断すると、伊藤夫人は親切で梅子を丁重にもてなしたが、夫人や娘の英語の学習はさほど真剣なものではなかったようである。正月を二人の伴として熱海で過ごすが、数日もたたないうちに梅子は退屈してしまう。知的に刺激を覚える会話などあり得なかった。

梅子はまた伊藤夫妻の仲があまりよくないことも感づき始めた。伊藤が酒を飲みすぎ、朝帰りをし、妻にたしなめられる様子を見ていた。伊藤が井上馨とともに天皇が一二人の側室をもつ慣習を改めるべきだと提案した、とランマン夫人に告げる一文では

　この人たちから(この慣習に対して)そういう異議が唱えられることは立派なことです。もっともそういう方面において自分たちの生活のほうも、もう少し完全であればいいのですが。

(一八八四・二・二六)

と皮肉っている。

その春、伊藤は婦人たちの手で慈善バザーを行っては、という提案をする。準備委員長には捨松を据え、伊藤夫人、井上馨外務卿夫人らと並んで梅子も委員のひとりに加えられた。

「前代未聞」のことで、金銭を扱ったこともない貴婦人たちが、自分の手で作ったものを「売る」など、とても考えられない、と梅子は心配を隠さなかった。

鹿鳴館

会場は完成間もない鹿鳴館と決まり、軍楽隊も駆り出された。蓋を開けてみると、大臣の奥方たちも梅子たちのやり方に従い、恥ずかしさを忘れ、やがて品物を押しつけ「殿方からお金を巻き上げる」までになり、謹厳な奥方とは思えないぐらいバザーの雰囲気を「学んだ」と梅子は手紙で伝えている。

日本で初めてのこのバザーの様子は『郵便報知』紙などで連日報道され、錦絵の題材にもなった。

バザーは大盛況で初日に三日分の品物をほとんど売り尽くし、慌てて商品を仕入れるほどであった。収益の八千円は病院に寄付された。欧米の中・上流階級の婦人の間では当り前の慈善事業を、日本の貴婦人たちが初めて経験したわけであるが、その一端を担った梅子の満足はランマン夫人への手紙からうかがえる。

華族女学校に就職

そのころ伊藤は学習院女子部を独立させ、華族女学校を設立すべく、捨松、下田歌子らと相談を進めていた。設立の暁には歌子の学校を合併するはずであった。その学校で教えることができたら、アメリカで教育を受けた目的が果たせるものと梅子は期待をかけた。

桃夭女塾で梅子はすでに井上馨の娘二人、伊藤の長女を含め、高官の娘たちを生徒に持っていた。井上、伊藤、元駐米公使の吉田、その後任の九鬼の妻たちがみな「芸者上り」であることが、梅子のもつ外国人的常識に反していたこともあって、梅子は次代の身分ある女性たちを教育することに特別の意義を感じていた。それは彼女たちが社会に及ぼす影響力の大きさを考えてのことである。

また、国費留学生として借りがある、と思っていた梅子は国が設立する学校で教えることが当然で、義務でもあると思っていた。しかし果たして任命されるかどうか不安であった。

そんなとき母が身重になり、姉の琴子は夫が帰国して家を出ることになり、家事の手伝いが必要になったので、梅子は一八八四年六月伊藤家を辞する。娘としてそうしなければいけない、と思いつつも残念に思う胸の中は家人には話せず、ランマン夫人に打ち明けている。

華族女学校の進展については、それまでのように知ることができず、不安は募るばかりであった。やがて開校間近、ということになり、娘をそこへ入れることになった捨松は、娘の洋服の準備に取りかかるが、梅子は待ち切れず、自分の「洋服について相談をしに」捨松を訪ねる。姉のように慕

華族女学校

っていた捨松に、こうして間接的な形で打診しなくてはならなかったのは、よほど仕事のことが気になっていたからであろう。

捨松は用意をしておくにこしたことはないでしょう。任命されてからでは間に合わないから、と答えた。梅子はこの答えに力づけられ、はずんだ調子で、そのあと帯の布地を一匹買い求め、手持ちの白地の絹をそれに合わせて色染めし、長い裾《すそ》のついた洋服を仕立ててもらう積りである、と興奮してランマン夫人に告げている。

捨松の情報は正しかった。間もなく任命が下田歌子から伝えられ、一八八五年九月、梅子は年俸四二〇円の準奏任官で教授補に任ぜられた。同年一〇月の授業開始、一一月皇后を迎えての開校式の様子など、逐一ランマン夫人に伝えられた。

帰国して約三年、やっと念願の仕事につくことができた。一四年前皇后から授かったお沙汰書にある「約束」がようやく果たされたことになる。梅子はしばらく興奮と幸せに浸った。

翌年七月には赤坂丹後町にいとこの渡辺政子と家を借り、家族のもとを離れ、自立して働く女性の生活形態を整えた。一一月には教授に昇格、キャリアの地歩も固まった。

人形のような少女たち

華族女学校はその設立の経緯から見れば、ナポレオン一世統治下にフランスで設立された女子の学校に酷似していた。レジオン・ド・ヌール受章者の娘や姉妹の教育を目的に作られたエクアン（一八〇七）、高官の娘のために作られたサン・デニス（一八〇九）などを思わせる。(1)

これらの学校は「考える女性をではなく、信じる女」を育て、フランスの次代をきちんと養育するにふさわしい母親を作る、という趣旨にナポレオンが賛同し、創設されたものである。(2)

約八〇年遅れて、日本で社会的地位のある女性に与えようとした教育は奇しくも同様の特徴を備えていた。女学校でありながら将軍谷干城が初代校長に任命されたこともこれでうなずける。

翌一八八六年には帝国大学令、小学校・中学校・師範学校令が相次いで発布されるが、これは文部大臣森有礼の教育強化と国家統制の政策の現れで、その文脈で見るなら、梅子が思い描いたような教育を貴族の子女に与えることなど不可能であった。梅子には、初めはそれを見抜くことはできなかった。

しとやかで美しく、人形のように可愛いが、知的に生《なま》ぬるい学生たちに梅子はやがて失望する。彼女たちの社会的地位に知性の鍛練が加えられたら、日本の女性を導いていくうえで計り知れない影響力があるはずだ、という期待は裏切られる。

立場上その失望は口に出せなかった。学生たちが西洋人の眼にどう映ったかは、梅子の親友アリス・ベイコンがのちに書き残している。室内運動場に整然と並んだ学生たちを初めて見たときのことである。

私の思いはハンプトンに飛び、かわいそうな黒人の子供たちと、ここにいる華族の少女たちとの違いを比べずにはいられなかった。それでもひとつの点で両者の人生は似ていた。生まれた環境によって彼女たちの発育が妨げられ、抑えつけられている点である。黒人の子供たちは貧困と低い社会的地位によって。華族の少女たちはその地位に伴う堅苦しい束縛と形式によって。(3)

アリスはそれまでハンプトン・カレッジで、黒人やインディアンなど恵まれない学生たちを教えてきた。階級の両極端にいる生徒たちの間に、こんな共通点を見抜いた目はさすがに鋭い。アリスはやがて梅子と日本女性の問題を真剣に語り合うよき相手となるが、それは当然の成り行きであった。

鹿鳴館で踊る

世はあたかも「鹿鳴館時代」に入っていた。一八万円を投じて建てたイタリア・ルネッサンス様式の鹿鳴館は一八八三年に完成した。

「国境を越えて東西の貴紳が交流する」場として建てられたのであるが、その立派な器に恥じないような人たちを育てるのは容易なことではなかった。官僚はダンスのレッスンを受けさせられ、洋行帰りの女性は数が少ないだけに珍重がられ、捨松はその美貌、地位から「鹿鳴館の花」とうたわれた。

女性が足りないときにはダンスができる華族女学校の学生が狩り出された。恥をかかないよう、マナーの注意書きを外務卿自らが用意して参会者に配った。それは国をあげて、文明開化の成果を外国人に見せようとする努力であった。

位階においても西洋と肩を並べるべく、一八八四年七月には華族令が発布される。捨松は伯爵夫人、繁子は男爵夫人、という具合に、梅子の囲りにはにわかに爵位のついた人たちが生まれた。彼女たちに混じって梅子もダンスのレッスンに加わり、輝くシャンデリアの下、鹿鳴館で踊ったのである。

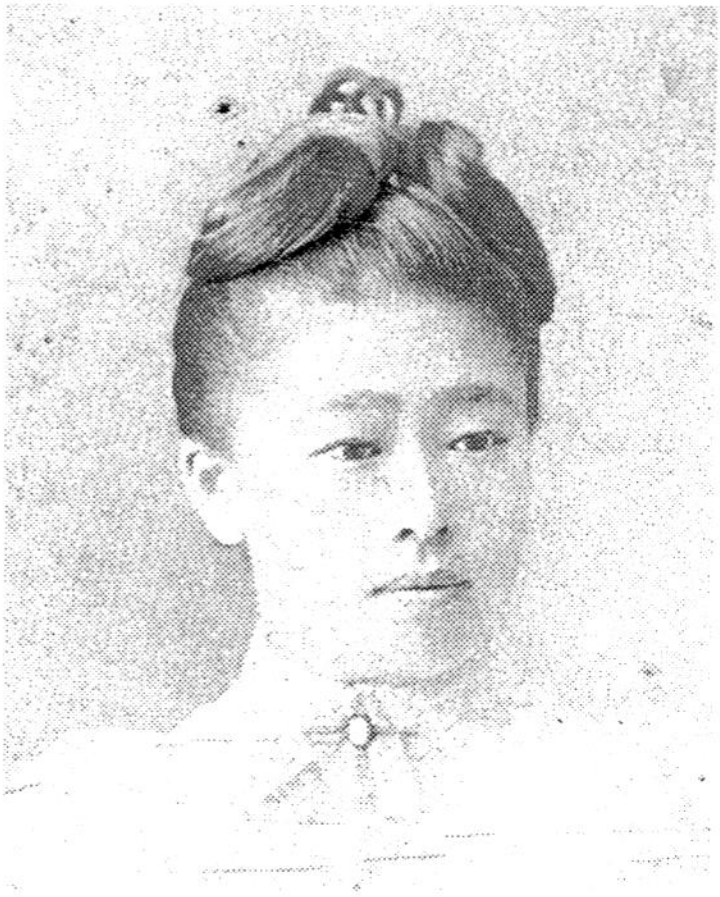

鹿鳴館時代の梅子

華族女学校で教えるかたわら、梅子は紀州家など公家の邸にも家庭教師として出入りし、上流社会の生活を垣間見た。

一〇歳年上で、華族女学校の学監になった下田歌子にも可愛がられ、いずれ歌子が欧州視察に出かけるときには同行できると思っていた。晩餐会のこと、仮装パーティのこと、服装のこと、同席した名士のことなどがランマン夫人への手紙にひんぱんに見えるのはこの頃である。

不思議に思えるのは手紙で省かれている事柄である。父仙の教え子でもあった巌本善治が事実上指揮を取っていた明治女学校でも梅子は教えていたが、そのことにはほとんど触れていない。巌本が『女学雑誌』を創刊したことにも触れていない。

ランマン夫人には興味のないこと、と思っていたのかも知れないが、『女学雑誌』が若い女性を啓蒙することを目的としていたことを思えば、梅子はもう少し反応を示してしかるべきであった。その沈黙は気にかかる。特にこの時期、岸田俊子は治安法を犯したとして投獄されたりしていることを思えば、梅子の「従順ぶり」は奇異に思える。

しかし、ふり返れば、二一歳から一、二年の間が、梅子の唯一の華やかで浮かれた時期であった。青春を二つの文化の間《はざま》で失った梅子に許されてもいい、いや、人間的な一面をのぞかせた忘我の短い一時期のようにも思える。

また、常にアイデンティティを問われる立場にあった梅子が、女性としては稀な官職にあって、政策を批判しにくかったことも考慮に入れるべきかも知れない。

日本の国家的努力にもかかわらず、外国人から見れば、鹿鳴館に代表される華やかな「文化」は見せかけの張り子、猿真似にすぎなかった。『朝野新聞』などはダンスを評して
味モ無ク、興モ無ク、又理窟《ママ》張リテ猥褻ナリト言セバドコ迄モ猥褻ニ相違無シ

（一八八四・一一・一）

とけなしている。フランス人戯画家ジョルジュ・ビゴーは社交界に出入りする日本人を文字通り猿の顔をした動物に描いており、アリス・ベイコンも彼らを嘲笑う文を残している。

そんな鹿鳴館時代がスキャンダルとともに幕を閉じたのは象徴的である。一八八七年、伊藤博文が主催した仮装舞踏会で、ベネチアの紳士に扮した伊藤が岩倉具視の次女にふらちな行いに及んだことが『女学雑誌』で暴かれた。片や攘夷派に西洋かぶれ、奢侈を批判され、片や民権運動家から外交の不手際、農政の不在を理由につき上げを受けて、踊り浮かれてもいられなくなったのである。

学外の活動

就職して一年もたたないうちに梅子は奏任官に昇格し、教授として年俸も五〇〇円になった。（奏任の地位にある女性はほかには下田歌子だけであったという。）

いとこと住まう借家には教え子が出入りし（梅子は彼女たちを学校の友人《フレンズ》と呼んでいたが）、ゲームやお喋りに興じた。また聖書を読むために集う生徒もいた。のちに塾を開いてからもそうであるが、梅子は学生を教育するとともに楽しませることも忘れなかった。自分のラケットを持ちこんで華族女学校の生徒たちにテニスを紹介したのも梅子である。

社交も仕事の一部であったが、梅子は華やかな世界に溺れてはいなかった。教師になって半年ほどたつと百名ほどの会員をもつ研究会に入った。女子師範学校の出身者を中心とした勉強会で、そのメンバーたちについて梅子は「非常に向上心が強く、いいことを沢山しています。」とランマン夫人に話している。順番を決めて発表をするのであるが、梅子は「健康の保持と看病」について話した。英語で書いた原稿を訳してもらい、これを読みあげる、というかっこうであった。こういう場で捨松がもっと活躍すべきなのに、そうしないのは残念だ、とも手紙には書いている。

翌年には女子高等学校の教員、プリンス嬢が主宰するクラブの運営を助けることになった。隔週一度プリンス嬢宅に集まって様々な問題について話し合い、英語力を向上させるもので、会員は二、三〇人であった。

こうした活動を通して梅子はさらに力をつける必要を感じたようである。プリンス嬢を助けるようになって間もなく、ランマン夫人への手紙で梅子はアメリカの大学で学びたいという希望を明かす。

「帰国した頃よりも精神も熟し、もっと学問の面白さが分かると思うのです。」と理由を述べ、さらに教育を受けることで、いずれは学校の英語科の主任になり、学校運営についても発言できるようになりたい、という望みも率直に語っている。(一八八七・五・六)

このままでも普通にやっていけるが、自分はそれ以上のことを望んでおり、第一級の教師になりたい、とも話している。一年後には再びこの話題が持ち上がり、今度はスミス、ウェルズリー、マウント・ホリヨークなどの女子大の名をあげて、カタログを取り寄せて欲しいと依頼している。

この間梅子はちょっと変わった運動を始めた。ちょうど女性の問題が新聞を賑わすようになった頃である。東大教授の外山正一が芸者を批判した一文に共鳴し、捨松とふたりで「反芸者連盟」を作ろうと決めた。梅子は外山に会い、協力の約束を取りつけた。

ランマン夫人にはこう説明している。芸者はほとんどの社交の場に出入りし、男性と交わり、愛人となり、やがては妻の座に着く、という場合が多い。伊藤夫人も元駐米公使の吉田、現公使の九鬼の夫人も、もとは芸者である。確かに良家の娘たちは従来何もできず、妻としては適さないので男性たちが芸者に魅《ひ》かれたのは無理もない。しかしこの娘たちが教育を身につけるようになった今、旧弊は取り除かれるべきである、と。

西洋人の感覚でこう考えたのはもっともであるが、梅子と捨松は当時の有力者たちの慣習に挑んだわけで、それは思わぬ形ではね返って来た。間もなく捨松のスキャンダルが新聞に取り上げられ、アメリカの新聞にまで書かれるようになる。梅子は憤慨してランマン夫人に捨松を弁護するよう頼んだりするが、反芸者運動の行方は手紙に語られていない。

この事件と前後して梅子の再留学の希望が持ち上がるが、実現までには二年の月日を待たねばならなかった。

猿真似を戒める

伊藤が進めていた宮中の近代化は儀式の簡素化とともに服装の西洋化、外国語の教育に及んだ。宮中で洋服の採用が決まると、梅子は意外にも残念がった。

確かに今の宮中服は便利で着心地のいいものではないかも知れません。でも美しく、威厳があって、皆着慣れています。それなのに、彼らは洋風を真似しすぎて笑い者になろうとしているのです。（中略）自分の国のいい物を悪い物とともに捨て去ろうとしているのです。（一八八六・七・一）

皇后が外国語の勉強を始めたのもこの頃である。一八八七年半ばには体育が教科に取り入れられたことに伴い、華族女学校でも洋服着用が規則になった。

その年の暮、ランマン氏は再び梅子の伝記を出版したいと申し出るが、氏の愛情に感謝しながらも梅子は重ねて断った。

おっしゃるように私のこれまでの経験は興味をそそるものかも知れませんが、私の人生はこれからです。まだ新しい経験が沢山待ち受けているかも知れません。（中略）日本で記録に留める価値のあることをするまで待っていて下さい。（一八八七・一二・二八）

ランマン氏の気持をなだめるように、繁子も捨松もアメリカ留学という共通の経験をしているし、「帰国してからの私の生活は散文的で、ありふれたものでした。」とも書いている。

謙遜もあろうが、伯爵夫人、男爵夫人となった捨松や繁子に比べれば、自分の存在は地味で、とり立てて本の題材にされるほどではないと思ったのであろう。二人の友人の夫はそれぞれ陸軍大将、海軍中尉で、時勢柄社会的には彼女たちのほうが華やかな存在であった。

一週間後に書かれた手紙には、日本では女性の問題が脚光を浴び始めてから、捨松や下田歌子がスキャンダルの対象となり、激しく痛めつけられていることも記している。話題になりたくない、という気持はこれでも分かるが、「日本で記録に留める価値のあることをするまで……」という梅子のことばには、これからの決意が秘められていた、とも取れる。

再留学決まる

梅子の留学希望を励まし、決意させた大きな要因は友人アリス・ベイコンの来日であった。英語教員の補充が必要になった華族女学校は梅子の推薦でアリスの採用を決めた。捨松の口添えもあったようである。梅子、捨松とともにいつかは日本で学校を作ろうと話していたアリスの夢は五年遅れて、形を変えて叶えられた。

一八五八年生まれで捨松より二歳年上のアリスは少女時代捨松の養姉であり、親友でもあった。父レナード・ベイコンはニュー・ヘイヴンのセンター・チャーチ・オン・ザ・グリーンの牧師を四〇年務め、その傍らイェール大学の神学部でも教えた人で、活発な奴隷廃止論者でもあった。一家には教育、社会事業に従事する者が多く、その家風をなしていた。

しかし二度の結婚で一四人の子を儲けたレナードは年収千ドル程度で、娘を大学に行かせる余裕

アリス・ベイコンを囲んで　左より梅子、アリス、繁子、捨松

はなかった。

アリスはハイスクールを終えると独学でハーヴァード大学の認定試験を受けて学士号を取得し、ヴァージニア州のハンプトン・カレッジ（師範学校）で教鞭をとっていた。インディアン、黒人などマイノリティー・グループを教育する、当時としてはまだ珍しい学校であった。

一八八八年六月、アリスは愛犬ブルースを伴って来日、梅子とそのいとこの渡辺政子とともに紀尾井町の借家に居を構えた。ことばの隔たりもなく、同じ興味を持ち、しかも胸襟を開いて話し合える友人を迎えて梅子は知的にも満たされる。

翌年梅子を子供の頃から知っていたモリス夫人から梅子の留学を促す手紙が来ると、「日本の事情と日本に必要なものを知った今」留学が梅子に特に役立つ、という判断からアリスも強く勧めた。

華族女学校との縁を切らないで留学する道を考えていた梅子は、ようやく有給で二年間の研究休暇を与えられた。モリス夫人は二年も前から経済的援助を申し出ていたが、梅子は経済的に全く依存することを良しとしなかったので、決意してから留学まで二年の歳月が流れていた。

学校から正式に許可がおりてから身仕度をした梅子は新学期の開始にやっと間に合う、という慌ただしさでブリンマーに到着した。その年梅子の印象に強く残ったのは、憲法発布の日に森有礼が刺殺された事件である。梅子があとにした日本は近代国家の体裁は整えたものの、まだ充分には成熟していなかった。

第六章　註

（1）Tomas Woody, *A History of Women's Education in the United States*, (N.Y.& Lancaster, Pann. : The Science Press, 1929, p.59.

（2）同

（3）*A Japanese Interior*, p.10.

第七章　ブリンマー留学

「私の人生はこれからです。」と言ってランマン氏に伝記の出版を思い留まらせた梅子が目ざましく成長を遂げるのは、ブリンマー大学滞在中のことである。

生物学を専攻

一八八五年創立のブリンマー大学は当時学生数約一五〇名で、フィラデルフィア西北一〇マイルの郊外に閑静なたたずまいを見せていた。クエーカー派のこの大学は奢侈を戒め、質実剛健の気風に満ちていた。

モリス夫人がローズ学長と交渉し、学費と寮費の免除、という特典を与えられたことが、梅子にブリンマー行きを決定させたのであるが、アナ・ハーツホーンはこれを「幸運な選択であった」と見ている。

ブリンマーはできてからまだ四年しかたっていず、若い学部長と教授陣は実験に熱心で、(女子大に対して) いまだに懐疑的な男性世界に対して、学究の最も高い水準を示そうという熱

ブリンマー時代の梅子（上）
ブリンマー大学本館（下）

意に満ちていた。(1)

からである。「若き学部長」というのはマーサ・ケアリー・トーマスで、この人を抜きにしてブリンマーの性格、ブリンマーが梅子に与えた影響を語ることはできない。

トーマス博士は、アメリカで女子がまだ医学教育を受けられなかった時代にチューリヒで博士号を取り、ブリンマーの学部長を務めながら友人メアリー・ギャレットとともに精力的に運動を進め、一八九三年ジョンズ・ホプキンズ大学医学部に女子の入学を認めさせた人で、アメリカの女子高等教育の歴史に著しい功績を残した人である。この人と出会い、また女性の教育機会拡張のために働いているその姿に接したことは、梅子に大きな影響を及ぼした。

進化論、新ラマルク主義の影響で生物学が脚光を浴びていたこと、また父仙の科学への興味も影響してか、梅子はブリンマーで生物学を研究することにした。

梅子が研究生活に溶けこんでいった様子は、いろいろな人の回想談からうかがい知ることができる。最初の夏休みに早くも幾人かの教授と海浜のフィールドワークに出かけている。顕微鏡の扱い、サンプル作りの技術が特に買われた、とランマン氏の覚え書にはある。

翌年には実験を学生にして見せたり、学生の実験を手伝うラボ助手の仕事を与えられた。指導を受けた学生は口々に「梅の親切、忍耐強さは、正確な知識、洞察力と器用な指先に劣らずすばらしい」とアナに告げている。

アナはまたピッツバーグ工科大学のベアード女史の評を引用してこう語っている。

彼女はこういう仕事に必要な資質を全て備えている。鋭い眼力と洞察力、日本人の器用な手、想像力、そして科学的な正確さへの感情的なまでの愛を。(2)

これらの証言を裏付けるように、トーマス・H・モーガン教授は梅子を共同研究に誘い、その成果はやがて英国の科学雑誌に発表された。(3)（モーガン教授は一九三三年ノーベル賞を受賞した。）

学生生活

社交的にも梅子は教授、学生の間で人気があり、大学生活は充実したもののようであった。

フィラデルフィアの芸術学校を卒業してブリンマー大学でドイツ語を聴講していたアナ・ハーツホーンはドイツ語のクラスで初めて梅子と出会った。その頃の梅子について印象をこう覚え書に残している。

彼女は際立った存在だった。（中略）学部学生の中にあって彼女はまるで別世界の人間であった。落着きがあり、大人で、率直で、子供のように純朴で、女性外交官のような自信と落着きを備えていた。それも無理からぬことであった。少女は七歳で舞台に上がり、一〇歳に満たないうちに人の目に晒されることに慣れていた。王女たちはそうして王女らしい態度を身につけるものだ。華族女学校での訓練にもよるのだろう。しかし、いかめしい抑圧はアメリカに来

ブリンマー大学の寮でくつろぐ梅子

るときに（日本に）残してきた。ブリンマーの仲間とも、アメリカの友人とも、彼女は自然な自分で、自由に、明るく振舞った。

帰国して七年間、日本の、それも最も堅苦しい世界に慣れようと努めてきた梅子であるが、緊張がほどけ、あるがままの自分になったとき、その魅力を認めてくれたのはアメリカ人であった。梅子自身もそのことを強く感じたはずである。

できれば生物学の研究に専念したかったたであろうが、二年目の後半はニューヨーク州のオズウィーゴー師範学校に教授法の勉強に出向いた。英語教師としての務めを果たすためであったと思われる。

付属小学校を持つオズウィーゴーは、ペスタロッチの教授法をアメリカで最初に採用した師範学校である。滞在中梅子は、一八九一年正月に「航海」(4)と題するソネット（一四行詩）を書いている。人生を嵐の中を行く航海に喩え、神の導きを謳ったものである。すでに一年半生物学の研究をしていた梅子が、科学に目を啓かれながらも信仰を心の拠り所にしていたことがうかがえて興味深い。

オズウィーゴーでの半年が終わると帰国するはずであったが、梅子は一年間の滞在延期を申し出て認められる。ただしアメリカの女子教育の現状を勉強してくるように、という注文がついた。「欧米女子高等教育の近況」(5)は、この課題に関連して書かれたものと思われる。

帰国の決断

やがて三年間の滞米が終わりを告げる。ブリンマー大学は梅子に残って研究を続けるよう勧めた。しかし、責任感の強い梅子はこれを断った。

アナによればブリンマーの関係者は「驚き、信じられない、という反応を示し、次いで立腹した。」という。トーマス学部長は「恩知らずで、本当の学究の意味を理解していないと思われる(梅子の選択)を遂に赦すことはなかった。」とも言っている。(6)しかし八年後、梅子が英学塾を設立するときには、トーマス博士も強い味方として協力したことを見れば、結果を見て梅子の選択を理解したのではないだろうか。

梅子にしてみれば、自らも興味を抱き、他人からも評価される仕事を続けることに、どれほど心魅かれたかは想像がつく。しかも自然に振舞うことが自分の魅力を発揮することになる世界など日本にはなかった。

一七歳で帰国したときには留学生として有無を言えない立場にあった。こんどの選択はもっと大きな迷いの中でなされたはずである。英語教師として生きるか。科学者の道を歩むか。日本人として生きるか。アメリカ人として生きるか。そんな気持をアナは長年の友として察し、梅子のそのときの決断をのちにこう分析している。

U・T・(梅子)は日本のことを考えていたのです。何が大切で、何がそうでないか。日本に必要なものは二、三の変わった人間――彼女や捨松や繁、といった三人のさびしい「アメリカ人」のような(人間)、慣行の誤まりを示すすばらしい例外、我慢されこそすれ、敬愛されることのないはぐれ者――ではなく、教育を受けた多数の女性であることを。(7)

日本へ戻って教師を続ける決心はこうしてなされた。

梅子が心の中では科学に未練を持ち続けたことは、アナの同じ覚え書から分かる。英学塾の創設に際し、財政的困難から科学を学科として設けることは不可能だと知るまで、梅子は科学雑誌を購読し続けていたそうである。

梅子は一八九二年に帰国するが、今も保存されている遺品の中にはその翌年のカレンダーがある。一二人の友人がそれぞれ一か月分を分担し、挿画と詩の一節をあしらった手作りのものである。そんな友人たちをあとにするのはブリンマーの好意を断るのと同じぐらい辛い決断であったろう。

しかし二度目のアメリカ滞在の三年間で、梅子は幾つかの大きな成果を上げた。まず高等教育を

受けたいという希望が叶えられた。しかも、後々まで支えとなる精神的薫陶に浴した。アナによれば、

ブリンマーの最も良い特質——精神の広さ、完璧主義、学究における厳しい水準——は彼女の中に根を下ろし、彼女の教育の理想の不可分の部分となったのです(8)。

ブリンマーがこのように女子高等教育のひとつの典型を示したとすれば、トーマス博士たちの開拓者としての仕事は梅子ののちの仕事に勇気を与えた、といえる。

奨学金の設立

梅子は恵まれた機会を与えられたことに感謝し、その特権を自分だけのものに留めておくことに忍びず、他の日本人学生のために行動を起こした。ブリンマーでの第二の成果である。

モリス夫人と相談した結果、八千ドルの募金を集めればその利子で二、三年にひとりの女子学生を日本から招くことができると知り、夫人を長に委員会を作ってもらった。梅子自身在学二年目からは、休みはほとんどそのために奔走し、講演を行い、事務を引き受けた。

この運動のために書いた演説原稿「日本女性の教育(9)」で梅子は立場上表明できなかったことも含め、積年の思いを打ち明けている。

アメリカで強く印象づけられたこととして、まず女性の地位の高さ、女性の社会的貢献、男女の

望ましい関係をあげ、こう述べている。

日本の成長が片方だけに偏っている限り、半分の人々が置き去りにされながら、あとの半分の人々だけが前へ進むことを許されている限り、日本は決してほんとうに進歩することはできません。女性の地位が向上し、教育を受けるまで、日本が真に重要な地位を得ることはできないと思ってきました。女性もその権利を認められるべきで、そして社会に貢献する力となるべきです。

次いで日本の各階層の女性を分析し、貧しい階層では夫と妻は平等に働いている。中産階級の女性は家事や子供の世話があり、それらを通して幾分世間というものを知っている。しかし上層階級の女性は仕事も責任もない生活を送っている、と指摘している。外国人教師をまだ警戒するこの階層の女性を教育するためにも、日本人の女性教師を育てる必要がある、と説明している。しかし対象は教育に限らず、留学生の受入れ先として医科大学や工科大学も候補にあげられた。

委員会のメンバーはモリス夫人同様フィラデルフィアの裕福な実業家の妻たちで、自分たちは世代からいって高等教育を受ける機会を持たなかった人たちである。

日本人女性を解放するという大義の下に、三つの違う宗派の人々が手を結んだ。トーマス博士もアドヴァイザーとして加わった。大学はもとより、ブリンマーの町も、地方紙も、ボストン、ニューヨークの新聞もこの運動を記事で取り上げてくれた。

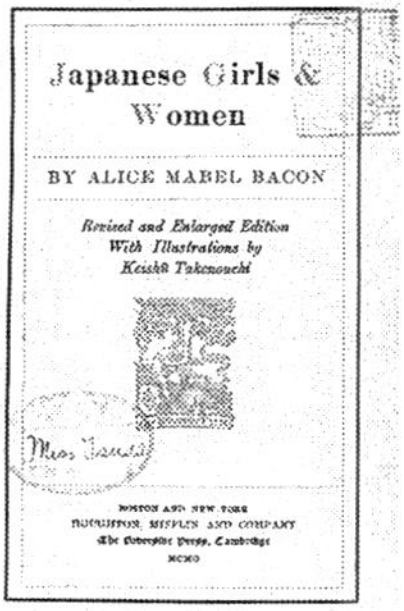

Japanese Girls & Women

BY ALICE MABEL BACON

Revised and Enlarged Edition
With Illustrations by
Keishū Takenouchi

BOSTON AND NEW YORK
HOUGHTON, MIFFLIN AND COMPANY
The Riverside Press, Cambridge
MCMX

アリス・ベイコン『日本の少女と女性たち』

こうして梅子の帰国する頃には八千ドルの目標はほとんど達成された。「日本女性のためのアメリカ女性の奨学金」と名付けられたこの奨学金によって学んだ人の中には、松田道子（同志社女子高等学校長）、河合道子（恵泉女学園創立者）、鈴木歌子（華族女学校教授）、木村文子（東京女子師範学校教授）、星野あい（津田塾大学二代目学長）、藤田たき（同四代目学長）などがいる。

　こうして女子教育のリーダーを育てたこともさることながら、第二次大戦後、女性の領域が拡げられた時代に、これらの人々が待機していて活躍したことを思えば、この奨学金の意義は実に大きい。

　梅子はまた、一八九〇年の夏、アリス・ベイコンの家に滞在し、『日本の少女と女性たち』(10)の執筆を助けている。

　翌年出版されたこの本の序文で、アリスは梅子の助言を特記しているが、梅子もまたこの仕事を通して改めて日本女性の置かれた立場を認識する機会を得た、といえる。

　いまひとつ、留学三年間の収穫で、その後の展開を思えばきわめて重要なものと見なせるのは、アナ・ハーツホーンとの出会いである。ブリンマー時代は社交上の付き合いに過ぎなかったが、のちに日本で再会し、やがて梅子終生のよき理解者、協力者となるからである。
アナとアリスは友人というだけでなく、梅子とともに実現させようとしていた夢を絆とした同志であったといってもよい。

第七章　註

（1）覚え書。津田梅子資料室蔵。
（2）覚え書。
（3）"*Orientation of the Frog's Egg,*" *The Quarterly Jounal of Microscopic Science* (London,1894).
（4）"The Ocean Voyage". 現存する唯一の詩。
（5）『女学雑誌』明治二六年八月一九日号に掲載。
（6）覚え書。
（7）覚え書。
（8）"*The Years of Preparation : A Memory of Miss Tsuda,*" *The Alumnae Report*（同窓会報）一九三〇年七月号。*The Writings*, pp.512—517 に転載。
（9）"The Education of Japanese Women"
（10）*Japanese Girls and Women* (Boston & New York : Houghton, Mifflin & Co.,1891) 挿画入りの第二版は一九〇二年出版。

第八章　塾設立に向けて

塾設立の構想と試練

一八九二年梅子は華族女学校に復任した。一〇年前すでに抱いていた学校設立の夢は、ブリンマーでの体験でさらに膨らんでいたが、その夢を語り合える相手は身近にはいなかった。

帰国の翌年、アナは父のヘンリー・ハーツホーンとともに来日し、普連土《フレンド》学園で英文学を教えるようになる。こうして梅子とアナは度々会う機会を持った。大学時代の思い出だけでなく、将来についても語り合える友人となった。

一八九五年は、梅子にいくつか忘れがたいことが起こった。三月にはアメリカでの「父」チャールズ・ランマンを亡くす。七八歳であった。(1)念願の梅子伝を書くことはできなかった。

四月には下関講和条約が締結され、国中が日清戦争の勝利に沸いた。梅子は「日本女性と戦争」と題する二つの記事を新聞に寄稿している。(2)

見落とされがちな女性の勇気、忍耐を取り上げ、戦時下の彼女たちの姿を描くことで外国の読者に日本女性の秘めた力を紹介している点で、他の戦勝ムードの記事と異なっている。

その秋、父とともにアナが再度来日したことはいまひとつ記憶に残るところとなった。

一八九七年初頭、ヘンリー・ハーツホーンは「骨を埋める覚悟」でやってきた日本で他界した。その後間もなく、梅子はアナを慰めようと、葉山に連れて出かける。暖房のない汽車の座席に脚を折って座り、毛布にくるまって、梅子はアナに学校設立の話を打ち明けた。

帰国して四年余り、ひとり胸にしまっていただけに、くり返し微細にわたって想を練っていたのであろう。アナが聞いたのはすでに「周到に練られた計画」であった。それを聞いた日がアナにとっては「女子英学塾の事実上の始まりだった。[3]」と思い出で語っている。

いずれその日が来たら手伝ってもらえないかという梅子の頼みに、アナは「感激して」協力を約束した。

計画が二年余り実行に移せなかったのは、何よりも経済的にめどが立たなかったからである。

そんなとき、梅子にとって大きな試練がやってきた。アナに計画の詳細を話してから半年ほどたった頃、日本女子大学校設立の趣旨発表会が開かれた。会場は帝国ホテルで、政財界の有力者を含め、二百名余りが参加した。（ちなみに、そのうち女性はたった二人であった。）

のちに理事に名を連ねる人たちの顔ぶれを見ると、三井、住友、三菱といった財閥がそろっているばかりでなく、岩倉具視、大隈重信も加わっていた。岩倉使節団の表と裏の立役者である。使節団とともに「アメリカ丸」で海を渡ってから四半世紀、梅子は日本の政財界を左右する人たちが思い描いていた女子高等教育がどういうものであったか、その設計図を見せつけられたのである。

女子教育のヴィジョン

自分の夢をどんなに育んで来たとしても、またその実現を信じていたとしても、ふつうなら怯《ひる》んでしまい、諦めてしまうほど壮大な設計図である。梅子はなぜ「女手ひとつ」で作ろうとしていた学校を諦めなかったのだろうか。

まず、女子教育に対するヴィジョンの違いが理由としてあげられる。その年の一月、梅子は「日本女性の将来」と題する論文を発表していたが(4)、その中でこう書いている。

> 女性がもっとリベラルな教育を通して、もっと貢献する能力があることを証明できるようになれば、家庭ではもちろんのこと、社会においてもより高い地位を占める日が来るでしょう。

「リベラル・エデュケイション」と梅子が言っているのは残念ながら日本では「教養」——しかも「専門」に対して軽視されがちな科目——という訳語で概念化されているが、全人的に、生涯続けて人間が成長する素地を作る教育であり、これを重視するのは大変アメリカ的発想である。

実用的教育が重視された当時において、特に女子の教育は家政学的発想が大勢であったことを思えば、梅子の右の主張は特色のあるものといえる。

梅子は単に平等を叫ぶフェミニストではなかった。「能力を証明する」ことを女性に求めている。また家庭内での地位向上を達成するだけで甘んじてはならない、と女性たちにもっと広い領域を指し示し、社会での地位向上を目指すよう説いている。

梅子が怯まなかったもうひとつの理由は、男性の考える「女子教育」の限界が見えていたからであろう。元来「自助」の精神に富んでいた梅子は教育においても女性の立場から、女性の発想で、女性のヴィジョンを据え、女性自らが努力しなくてはならないと考えていた。

というのも、日本よりも女子教育が進んでいたはずのアメリカでさえ、その揺籃期には男性主導の女子教育の失敗を示す例があったからである。

約一世紀前、優れた教育能力を買われてミドルベリー・カレッジの女子部部長に就任したエマ・ウイラードは、教養ある町の有力者でさえ女子の教育を真剣に考えてはいないことに気づく。ウイラードは「学問との長く、完全な付き合いは、男性のために留保された特権である」ことを思い知らされる。自分の娘たちの教育に対するこういった態度は同じカレッジの「謹厳な教授たち」にも見られた、という。(5) 男子部と女子部を設けていたのは、高等教育の平等を促す、というよりは差別を固定化する仕組みであった。

数十年遅れて、梅子はその類型を日本で、しかも間近に見ていたので、男性の考える女子教育に懐疑的であっても不思議ではない。

また、アメリカでの女子教育の足取りを知っていればこそ、梅子は自分の学校の意義を信じ、計画を諦めなかったのだと思われる。

ウイラードの時代からブリンマーのような大学ができるまで約八〇年かかった。女子教育が日本で公的に奨励されてからまだ三〇年とたってはいなかった。梅子が高等教育の夢を実現できれば決して遅いペースではない。そんな見方に力を得ていたのかも知れない。

日本女性と教育

学校創設にはずみがつくのは一八九八年の三度目の渡米であるが、それに先だち、一八九八年三月から八月にかけて梅子は七回にわたってシカゴの新聞に寄稿している。

シリーズとして読まれることを意図したこれらの記事は、全て女性と教育に関するものである。日本の女性の過去と現在を比較して論じたものであるが、梅子の目は未来に熱く注がれていた。[6] その前年『ザ・ファー・イースト』誌に発表された「日本女性の将来」とも軌を一にする。文化の一方的輸入が目立つ中で、日本を外に向けて紹介することに努めたという点でも注目に値する。

一八九八年といえば梅子が女子師範学校でも教え始めた年である。その夏コロラド州デンバーで開かれた万国婦人クラブ大会に、梅子は日本代表として派遣された。あとひとりの代表は同じ華族女学校でフランス語を教える渡辺筆子であった。

この会議における梅子の演説も右の一連の記事と同様、「女性と教育」に焦点を当てたものである。

一九世紀初頭に始まった慈善、宗教関係の婦人団体（クラブ）は、やがて女子の高等教育、職業、社会問題などに関心をもつクラブの設立により数を増やしていき、主に英語圏の国を中心に国際的連帯をもつようになっていた。この年の大会には二千七百の婦人クラブ（会員総数一六万人）の代表が参加した。

梅子が大会で行ったスピーチは、後進としての謙虚さと自信の入り交じった興味深いものであった。

「女性の仕事と教育におけるすばらしい進歩」を学ぶために、また「世界で最も進歩的な女性たちが女性の進歩のために、あらゆる方面で何をしているか」を見出すために参加した、と講演の冒頭で言っているが、結びでは、日本の女性もやがて「導く立場」に立つであろうと予言している。

……近い将来には日本人の女性もまた女性にとって最高、最善のものを求める戦いにおいて先頭に立つ日が来るでしょう。そのときには、こんどは私たちが東洋の他の国々の女性たちに助けの手をさしのべ、輝かしい見本を示すことができるでしょう。

こうしてひとつの国からもうひとつの国へと、女性の教育と地位向上は伝えられていくでしょう。こうして一歩ずつ女性は世界中で奴隷の立場から、野蛮な慣習の苦役から立ち上がり、

男性の真の協力者として、同等の者としての地歩を得ることでしょう。(7)

大会の模様を伝える『デンバー・リパブリカン』紙の翌日の報道は、梅子のスピーチを感銘深いものとして特記している。

ヘレン・ケラーに会う

大会が終わると梅子はジョージタウンに赴き、ランマン夫人に会っているが、この訪米で特別な体験としてはヘレン・ケラーとの会見があげられる。わずか数時間の会見ではあったが、ヘレンは梅子の成功と幸運を祈る、という手書きのメッセージを梅子に手渡した。この紙片はいまも津田塾大学に残っている。

この会見の模様はのちに『女学講義』誌に「盲唖才女ヘレン・ケラー嬢」という談話で三回に分けて連載された。(8) その結びで

> 此《この》ヘレンに於《おい》て私共は文明の力、教育の功の驚くべき事よりは、むしろ熱心の恐るべき事を学ぶべきであると思います。

と言っている。談話を友人が筆記したもので、梅子の文章ではないが「熱心」を強調しているのはいかにも梅子らしい。

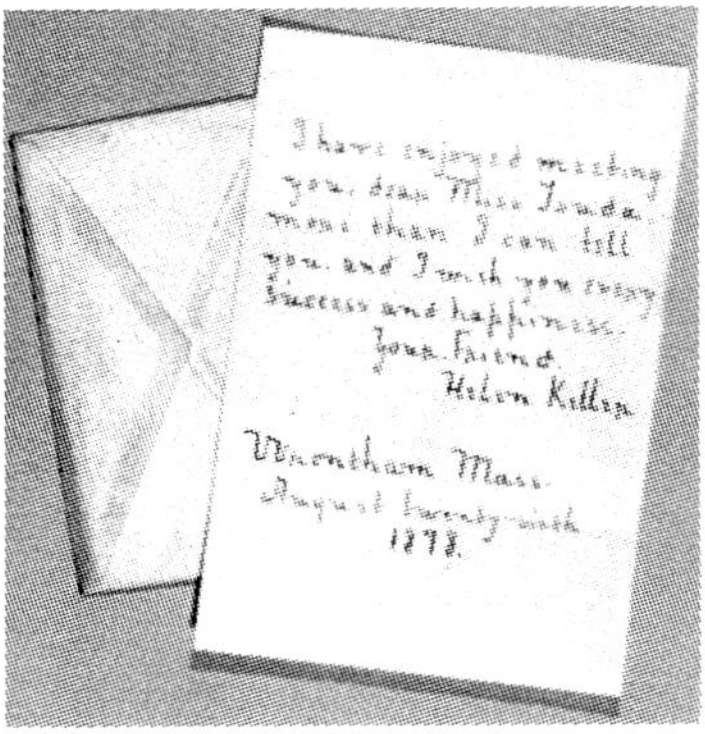

梅子宛のヘレン・ケラーの手紙

イギリス女子教育の視察

万国婦人クラブ大会参加のため梅子は華族女学校から五か月の休暇を与えられていたが、帰国を前に思わぬ招待がイギリスの日本大使館を通して梅子のもとに届いた。

一八名のイギリスの著名な婦人たちが連名で、梅子をイギリスに招きたいという申し出であった。大隈重信の推薦もあって梅子の休暇は翌年九月まで延ばされ、訪英の費用は政府が負担することに決まった。まだ見ぬイギリスを訪れることに梅子は大変興奮した。一一月にイギリスに向けてニューヨークを発った。

夫を亡くして五年になるランマン夫人を慰め、旅の見聞を分かち合えるように、梅子は今度も手紙の他に旅日記を綴った。一八九八年一一月六日から翌年四月二〇日までの記述が残っているが、この旅日記は何回かに分けて夫人に送られ、再び梅子に送り返されている。旅日記のおかげで、この約半年間の梅子の動向を詳しく知ることができる。

まずイギリス側のもてなしであるが、招待者の顔ぶれからも想像できるように、周到で手厚いものであった。ロンドン滞在中はピアソン卿夫人の家に起居し、ケンブリッジ大学訪問中はトリニティー・カレッジ、キングズ・カレッジのマスターズロッジ（学寮長の公邸）、またヨークでは大僧正の公邸の客となっている。キングズ・カレッジでは夕食会のあとに、学寮長のオースティン・リーが余興におばのジェイン・オースティンの小説の一節を朗読して聞かせたりもしている。

教育機関、特に女子の学校を視察することも梅子の重要な目的であった。ケンブリッジでは師範学校を訪ね、その校長ヒューズ女史とは意気投合して何度も話し合っている。ちょうど留学前に梅子の家に下宿して英語の指導を受けた安井てつが在学中で、梅子は、てつとも何度か会っており、ひそかに将来の協力者と嘱望していたようである。

ケンブリッジ滞在のあとチェルテナム・(レイディーズ・)カレッジに赴くが、ここでは寮に一〇日間滞在して授業だけでなく、学校の運営をつぶさに見ている。

校長のビール女史は梅子をイギリスに招いた招待者のひとりで、しかもこの学校を「ひとりで創設し、学生数九〇〇名、教員九〇名の学校に育て上げていた。(9)」ビール女史との話し合いは特別の感慨を梅子に与えた。旅日記にはこう記されている。

この学校は小さな始まりからこんなに立派なものに成長しました。イギリスで教育が進歩してきたのを見るのは心強いことです。というのも日本では現在でもまだビール女史がその生涯の仕事を始めた頃よりも遅れた状態にあるからです。(10)

遅れているからこそやり甲斐のある仕事で、小さな種子もこんなに大きく育つ、という感慨をもって書いたことがうかがえる。それは自分の使命を再確認することにつながった。

ヨーク大僧正の励まし

しかし自分にも果たして学校設立という仕事ができるだろうか。梅子を勇気づけ、精神的に重要な体験となるのは次に訪れるヨークでのマクリーガン大僧正との出会いである。

六百年の歴史を誇る「王宮」のような大僧正邸の客として、梅子はここでも手厚いもてなしを受けるが、特に感銘を受けたのは、大僧正の書斎で行われた対話である。梅子は素直に自分のこと、仕事のこと、将来への希望を語った。将来についての不安も話し、大僧正の励ましを受ける。その模様の一部を旅日記にこう書いている。

私はこれまで大変恵まれてきましたが何かをして自分の受けた恩恵を他の人々にも伝えていかなければならず、責任の重大さを感じていることを話しました。

その日の日記の締めくくりにはこうも記している。

私の信仰はとても弱いものです。でももっと強い信仰、善き生活、特に心が愛と同情に満ち、それが私の回りの、必要とする人たちに注がれるほどに満ちることを願って止みません。

（一八九八・一二・二九）

ブリンマー留学から一〇年、自分を見つめ直す時間を久し振りに持った梅子は、新聞に寄稿した記事や公式のスピーチなどには見られない一面を「滞英日記」では見せている。

マクリーガン大僧正にはよほど感銘を受けたらしく、イギリスを発つ直前の慌ただしい中、時間をさいて再度ヨークを訪ねている。

オックスフォード滞在

梅子はブリンマー時代の友人をパリに訪ね、二週間滞在したあと、オックスフォードへ向かう。ここではセント・ヒルダズ・カレッジに約二か月滞在し、文学、歴史、倫理学の講義を受け、「大学生活」を味わう。名物のボートレースを見物したり、学生演劇を観たり、その間お茶や食事の招待を数多く受けている。

教室での観察で目を引くのは、二度にわたって女子学生が男子学生に比べいかに少ないか、と述べている部分である。数が少ないというだけではなく、女子学生は自分たちだけで固まって、いつも小さなテーブルの回りにしがみついている。そのことについて梅子はこう論評している。

男子学生は帽子とガウンを身につけ、わずかな女子学生から離れたところに着席します。女子学生は離れたところに彼女たち専用のテーブルを持っています。誰もひとりで教室へ入っていく者はいません。たいてい二、三人で固まって行きます。男女の学生が交わることはありません。

こうした新しいことが保守的な所に導入され始めるときには当然なのかも知れません。もちろん女子は大学によって認められているわけではありません。単に講師の好意によって聴講を許されているに過ぎません。（一八九九・二・一）

梅子は自ずと一〇年前に通っていたブリンマー大学とこの状態を比較したであろう。オックスフォードやケンブリッジとは歴史の長さ、規模において比較にはならないが、女性のために設立されたブリンマー大学では、女子学生は「二級市民」の扱いを受けることなく、のびのびと学び、生き生きと大学生活を楽しんでいた。

これは日本の教育者には興味深い比較であったに違いない。日本でもようやく女子の高等教育が芽生えようとしており、欧米の事情は模倣のモデルとなるからである。

日本の帝国大学が女子学生に門戸を開くことなどおよそ考えられず、オックス・ブリッジのように学位を与えない形であっても、女子のカレッジを付設することさえあり得ないことが梅子には見通せた。[11] そういう判断から女子のための、アメリカ型の学校を作るのが望ましいと思ったであろう。こうして自分の学校の輪郭を明らかにしていったことは、女子高等教育の女性指導者たちとの意見交換と合わせ、イギリスでの大きな収穫であった。

ナイティンゲールとの会見

イギリスを発つ前に梅子が会いたいと強く願っていた人がひとりいた。フローレンス・ナイティンゲールである。八〇歳に手が届く高齢で健康も優れないので、ほとんど人に会うことはなかったが、梅子を招待したひとり、ビッカーステス夫人がこの会見を手配してくれた。

日記には「女王さまよりもこの人に会いたかった」と記している。これはおそらく五年前、下田歌子が滞英中にヴィクトリア女王に謁見したことと比較しての記述である。（歌子とは性格、生活感覚の違いから疎遠になっていた。）

ナイティンゲールとの会見の模様は「滞英日記」に詳しく記されている。

　足元に赤いシルクのキルトを置いた、真っ白なベッドの上に、真っ白な服の上に重ねた白い肩掛けにくるまって、キャップをかぶり、枕で支えられて横たわっていたのは、輝く目をした婦人でした。目は活気と知性に満ち、顔はあまり老いてもいず、しわも少なく、昔の美しさがうかがえる顔でした。（一八九九・三・二〇）

ナイティンゲールから贈られた
花束の押花（すみれ）

フローレンスは梅子に日本女性のことを尋ね、これに答えて梅子は、日本における看護の事情や女性の将来の展望について話した。お互いに問題を抱えていること、しかし同時に希望を抱いていることが分かり、力づけられる会見であった。

　帰りに玄関まで見送って来たメイドは「ナイティンゲール嬢からです。」と言って大きな花束を差し出した。その一部を梅子は大事に押花にし、日本まで持ち帰った。

台紙には会見の日付と「ナイティンゲール嬢に頂いたすみれ」と記され、今も津田塾大学に保存されている。

決意を固める

一八九九年四月、イギリスを発った梅子は再びアメリカを訪れる。ランマン夫人を思い出深いブロック・アイランドに連れていったりの「親孝行」もしているが、遠回りして日本へ帰ったのは他にわけがあった。アメリカに立ち寄ることが塾設立の実現に不可欠であったからである。

梅子はアリス・ベイコン、アナ・ハーツホーン、そしてブリンマー大学の学長になっていたトーマス博士に会った。協力を求めたことはその後の三人の行動から推察できる。

帰国してすぐに、皇后に帰国報告のため謁見する務めがあった。そのあとある新聞から著名な婦人の記事を連載しているので、と取材の申し込みを受けたが、梅子はそんな風に取り上げられるのは時期尚早であると断った。確かに梅子は有名人であったが、胸中これから自分のライフワークを始めると決めていた梅子には、この取材申し込みはいささか皮肉に思えたことだろう。

復任した梅子は年俸八〇〇円に昇給し、従六位に序せられたが、それから一年足らずで辞職することになる。

一九〇〇年七月、梅子は華族女学校と兼任の女子師範学校に辞職届けを出し、皆を驚かせた。当時の女性が就きうる最高の名誉ある地位を棄てることを意味したからである。

辞表にはもちろん、知人にも本当の理由は告げられなかった。不満を率直に打ち明けられる相手はアメリカの友人だった。トーマス博士には

これまでの程度の低い授業と、華族女学校のような学校につきものの統制と保守主義と手を切る、という最終的決心は一月に書いた通りです。華族女学校に属することがどんなに名誉なことであっても、私は流れに逆らって動くことができないという無力感を抱いていました。（一九〇〇・八・九）

と説明したあと、梅子は自分の学校についての構想を語っている。

またブリンマー時代のふたりの友人には辞任の理由とともにこうも書いている。

私が辞任を願い出たとき、誰も信じようとはしませんでした。そしてごたごたがありましたし、これからもまだあります。でも私はいまや自由なのです。いわば船をすべて燃やしてしまいました。（一九〇〇・八・六）

最後の一文は「後戻りはしない」という覚悟を表明したものである。

注目すべきことは「自由」ということばに二本の下線を引いていることである。自由をこうまで強調したのは、そのために払う代価——名誉と収入——の大きさを考慮しても、自由をどれほど欲していたかを物語っている。

梅子がはるか太平洋の向こうにいる友人たちに共感を求めなければならなかったのは残念である。理解してくれる人は身近にほとんどいなかったのであろう。同時に、精神的励ましのみならず、経済的援助を求めるうえでもアメリカの友人に訴える必要があった。

辞めることは、民主的なアメリカでは誰も想像できないぐらい困難なことでした。でも私は恥ずかしくない形でそれができたと思います。しかし少なくとも二、三年の間、私は日本人の知人に私個人の計画で援助を求められるとは思いません。今、そんなことをするのは賢明ではないでしょう。（一九〇〇・八・九）

機は熟した

梅子はこうトーマス女史に経済的援助を訴えたのである。[12] 幸い女子教育の先輩格であるアメリカでは、それは女子教育のパイオニアのほとんどが体験した問題であり、その点くどくど説明しなくても分かってもらえた。

梅子はつましい規模でしか始められないことを知っていたが、作ろうとしていた学校のヴィジョンについては妥協しなかった。

学生は官立の女子高等学校と師範学校の卒業生の中から取ります。（中略）これまで私立学校が提供したことのない、程度の高い課程になるでしょう。

とトーマス女史への手紙に書いている。

それまで手にした地位と名誉が、世俗の眼にはすでに栄達と映ったとしても、梅子にとってライフワークはまだ始まっていなかった。親友のアナはその点をこう解説している。

英学塾の設立は夢の実現以上のものでした。それは何年もの間、吟味、検討されて来た計画の成就でした。津田嬢は、自分の一生はある意味でこの仕事のための準備であったと感じていましたが、疑いもなくブリンマーでの年月はそうであった、と私は確信しています。(13)

ブリンマーで教育のヴィジョンを固めた梅子が、学校設立に踏み切った内的要因は見て来た通りであるが、外的にも時期が熟し、あるいは遅きに失した感さえあった。

鹿鳴館時代に日本は女子教育の最初の隆盛を見たが、公立の女子学校よりもまだミッション・スクール在学者のほうが多かった。

しかしそれに続く反動の時代に、ミッション・スクールは圧迫を受け、在学生は激減する。(14)代わりに公立の高等女学校が栄え、特に日清戦争で勝利を収めた日本は、富国強兵策の一環として女子教育の強化を計った。その結果一八九六年から九八年の間に、高等女学校の数は一九から三四校に、在籍者総数は四千から八千へと倍増した。

一八九九年二月発布の高等女学校令で、各道府県が高等女学校を一校設けることを義務づけてからは、その数はさらに増え、一九〇〇年には五二校、学生数一万二千人に上った。

高等女学校、とはいえ、教育内容は男子の中学校の程度に過ぎない。しかもその卒業生たちを受け入れる高等教育機関が、女子高等師範学校を除いてはなかった。このことは『女学雑誌』によって取り上げられ、批判された。[15]（日本女子大学校の設立準備はこのあと間もなく進められる。）[16] 梅子は、小規模ながら独自の考えで時代の要請に応えるべく、永年の計画を行動に移す時がきた、と判断した。

第八章　註

（1）*The American Authors*, Vol.1, No.12 (Nov. 1902) はランマンについて七ページにわたる記事を掲載している。(M.L.D.Ferris 執筆)。

（2）*The New York Independent*（一八九五・五・九）及び *Women's Department*（一八九五・六月号）。

（3）"The Years of Preparation".

（4）*The Far East* 誌 (Jannuary, 1897)。原題 "The Future of Japanese Women"

（5）Willistein Goodsell, *Pioneers of Women's Education in the United States*, pp.18—19.

（6）掲載誌は *The Chicago Record*. 記事は "New Japanese Woman" (March 10), "Child Life in Japan" (March 25), "Schooling for Girls" (April 5), "Noble Woman in Japan" (April 10), "French of the East" (July 15), "Housewife in Japan" (August 20), "Women as Producers" (August 22).

（7）全文は *The Writings* (pp.181—4) に収録。

（8）明治三四年二〜四月号。「友人某筆記」となっている。

（9）梅子の思い違いであろう。ドロシア・ビールは一八五八年に創立四年のこのカレッジの校長に任命された。当時学生は六九名であった。一八八五年、チェルテナムにセント・ヒルダズ・カレッジを、また一八九三年、オックスフォードに女子教員養成のためのセント・ヒルダズ・ホール（現カレッジ）を設立することにも力を貸し、イギリス女子高等教育の先覚と目されている。

(10) 全文は"Journal in London"として *The Writings* に収録。pp.263—344 以下本文では「滞英日記」と記す。

(11) 事実、一九一三年東北大学で三名の女子学生を入学させた例を除いて、国立大学が法令によって女子の入学を許したのは約半世紀後の一九四六年である。

(12) 前出のウイラード、キャサリン・ビーチャー、メアリー・ライオン等。

(13) "The Years of Preparation"

(14) 一八九九年八月、文部省は訓令により、法令に規定された学校での宗教教育を禁じた。

(15) 四三六号、一八九七・二・二五。

(16) 『女学雑誌』五一三号（一九〇一・二・二五）では名のみ「大学校」と批判を受ける。

第九章　女子英学塾開校

アメリカの後援組織と開校

アメリカの友人たちは応援のための準備を進めていた。一九〇〇年三月、アリスはフィラデルフィアに赴き、梅子の目的を集まった友人たちに説明した。アナは東京で梅子から聞いていた計画の詳細を話し、司会を務めたトーマス博士は、このときブリンマー大学学長になっていたが、梅子の「能力と理想」について語った(1)。参集した人々はその場で「日本における津田嬢の学校を支援する委員会」(通称フィラデルフィア委員会)を組織した。

梅子のブリンマー留学を助けたメアリー・モリスが委員長を引き受け、自ら千ドルを寄付したが、夏までには二千ドルの寄付を集めた。これを元手に女子英学塾は出発することになった。

アリスは約束を果たすべく、養女光子(2)を伴って来日した。光子も、梅子の元教え子でアメリカ留学を終えた鈴木歌子も教授陣に加わった。

最初の校舎

政財界人の援助を得て、一九〇一年四月、日本女子大学校は三井家から寄付された広大な地所で開校するが、その前年、梅子の女子英学塾は家賃五〇円の借家で産声をあげた。太平洋を挟んで、アメリカの篤志の女性たちが、日本の女性の夢を実現すべく協力して結んだ実であった。

麴町区一番町のささやかな「校舎」で、一九〇〇年九月一四日に開校式が行われた。当時の記録では梅子と捨松が理事。社員には新渡戸稲造、巌本善治ら六人が加わっている。

手狭なため、パーラーも、居間も、食堂も教室にあてがわれた。生徒数は一〇人、と記録されているが、他に英語教員免許試験に備え入学した者が四名いた。梅子が華族女学校を辞任したのがわずか二か月前であるから、充分な宣伝期間がなかったことは推察できる(3)。アナによれば開校二、三週間で学生数は二〇名に増え、中にはすでに二、三年の教歴を持つ者もいた。

女子師範学校には英語科がなかったこと、また梅子は英語を通してより広い世界に女性の眼を開かせようとしていたので、意欲をもった学生を引き寄せることにひそかな自信を抱いていた。

開校式の梅子の式辞は英語で書かれたメモを頼りに、日本語で行われたが、その概要は英文で『現代英語』に掲載されたので、[4]スピーチの要旨を正確に知ることができる。

教育の柱

まず、一五年の経験に基づいて梅子が教育について強調した点は三つある。そのひとつは、

> 立派な教室や本、その他の補助教材はおろそかにすべきではなく、できるだけ完全を期すべきですが、これらの物質的なもの、あるいは特定の方法やシステムは学校における他の、もっと本質的なものとは比べようもありません。私が言いたいことはつまり教師の資質、教師と学生の熱意、忍耐と勤勉、それから両者が勉強していくうえでの精神（のほうがもっと重要であるということ）です。

次いで梅子は個性を認知した教育の重要性をこう語っている。

> 多人数の学生に、ある程度の知識を授けることは可能です。しかし真の教育ではひとりひとりが別々の個人として扱われるべきです。（中略）最もよい教育は、ひとりひとりの必要にできるだけ応じられるように教えることで、それ故ひとつのクラスの人数は少なくすべきで、ひとりひとりの特徴を教師が把握できるようにすべきです。

この少数教育の精神は今に引継がれ、大学になってからも津田が「塾」の字を校名に残したゆえんである。

梅子はまた広い視野を持つことを学生に求めた。学生たちが英語の習得を目あてに塾に集まることを知っていて、こう諭《さと》している。

英語を専攻するにあたり、この専門分野で完全になることに努める一方、完き女性を作るのに必要な他の事柄をないがしろにしてはなりません。世間一般の事柄を知り、他の分野のことに接するよう、努めて頂きたい。

これを助けるため、専門家を招いて講演会を開いているが、講師には巌本善治、新渡戸稲造、内村鑑三、ケンブリッジ師範学校元校長のヒューズ女史などを招いている。また、毎金曜日にアリス・ベイコン担当の「時事問題」をカリキュラムに取り入れたのもこの考えに基づく。

ここで梅子は「完き女性」を「コンプリート・ウーマン」と表現しているが、「オール・ラウンド・ウーマン」という英語でも表現され、その後も津田の学生の目標とされてきた。

勉学、研究における精神面の重視、個性が識別できる小人数教育、広い識見を持つこと。この三つが塾の教育の柱としてあげられた。

式辞には学生の言動に触れた箇所も見られるが、これは梅子自身がそれまで自分の言動を律してきた理由をも言い表している。新しい試みに世間が注目していることを知っていたので、「もし

（学生の言動に対する）批判が女子教育の発展を妨げるようなことになれば、我々皆にとって大変残念なことであるからです。」と述べている。

アメリカの友人たちに手紙で打ち明けたほど率直にではないにしろ、式辞には華族女学校を辞め、自ら学校を開いた動機にも触れ、

大きな学校の、名誉ある地位で、多くの人から注目されながら仕事をするのはいいものです。しかし、もっと目立たない形で、少数のために同じ情熱をもって働くことのほうがもっといいのです。ですから、この国の女性にもっと高度な学問が必要だと感じた私は、持てる能力の全てを尽くして、この学校の目指すところを実現したいと思います。

と言っている。

世間ではあたかも実用的な英語を習得するために女子英学塾に学生が集まるかのように思われていたが、梅子は決して英語を道具とか、技術と見なしていたのではない。「日本における教育」(5)にはこういう一節がある。

その有用性、商品的価値のほかに、西洋の言語の完全な習得は、ことにその文学の綿密な研究は、東洋の私たちに西洋の考え、理想、視点を理解する鍵を与えてくれます。

この考えをよく知っていたアナ・ハーツホーンは、この「鍵」を学生たちに与えたいと思った梅子の動機をこう説明している。

津田嬢はこうも言っています。英語を正しく扱うことで学生たちに西洋思想の全体に触れさせることができる、と。教養ある男性たちがすでに手にしているのに、女性たちにはまだ閉じられた本ともいえる西洋の思想に、です。

一方では文部省が女子にも開放したばかりの英語教員資格を得る訓練を行う、という実際的な目標を据え、他方で「言語は文化」という思想を基に、女性の視野を広げることを塾の教育目標としたのである。

塾の成長

塾はスタートを切ったものの、梅子は決して楽観していたわけではない。開校前にモリス夫人に宛てた手紙では五年間をめどに実験をさせて欲しいと訴えていた。この五年間をたどることは、なぜ「実験」は成功と見なされたかを知ることであり、現在に続く津田塾の礎が築かれていった過程を見ることにもなる。

開校六か月で学生数は三〇名を越え、一番町の校舎は手狭になった。フィラデルフィア委員会は早速三千ドルの募金を始める。

翌春さらに一三名の学生が増えたので、一年で四倍以上になった。そんなとき、元園町にある醍醐侯爵の旧邸を安値で手に入れることができた。「お化け屋敷」と噂され、二年間も空家になっていたからである。梅子はユーモアたっぷりにこの屋敷を描いた一文を残している。(6)

五番町校舎

この古家は広さばかりは宮殿のようでしたが、屋根は予期しないときに、それもいつも違うところが雨漏りし、梁《はり》は曲がっていて、いつ落ちてくるか知れず、隣り合わせの寝室と教室は木材が縮んだところに壁といい、戸といい、大きな隙間ができていて音がつつ抜けでした。

ある学生が言った通り、これにはひとつ大きな利点がありました。病気をして授業に出られない学生が床《とこ》に臥《ふ》したまま授業を全て聞くことができたからです。

二年目がここで終わるころには学生数は五〇名を越え、うち一〇名が寄宿生だったので再び校舎探しが始まった。

幸い五番町で英国大使館に隣接した家が売りに出ていた。(元静修女学校があった場所である。) 梅子は借金をしてこれを手に入れることにした。梅子、捨松、繁子も会員である「外遊会」(外国に滞在したことのある婦人の会) が半額以上を負担して新しい校舎の建築が進められているときに、フィラデルフィア委員会から思わぬいい知らせが届いた。ボストン在住の慈善家ウッズ夫人から六千ドルの寄付があった、という知らせである。梅子はこれで抵当を解き、隣接の土地を買い足し、テニスコートまで作って、三年目はこの校舎で始まった。(7)

発展は目に見える拡張に留まらなかった。開校一年に満たないうちに、梅子は文部省の英語教員免許試験審査委員に任命された。梅子個人の名誉でもあるが、その免許取得を目指す学生を預かる塾にとっても大きな励みとなった。

一方、一九〇一年一一月に『英学新報(8)』が発刊されると、梅子とアリス・ベイコンは最初からその編集に加わった。英学研究、評論、和文英訳、訳注などを載せたこの雑誌は英語を学ぶ者に重宝がられた。

一九〇六年、同誌の編集部は塾内に移され、『英文新誌(9)』と名を改めて出発するが、発行部数三千に達し『ジャパン・メイル』紙などに称賛された。梅子は和文英訳のコラムも持ち、日本文学の古典を対訳形式で発表していたが、これは一九〇六年に『花がたみ』として単行本にまとめられた。

当時はまだ英語の教材がきわめて乏しい時代であった。梅子は

『英学新報』

『英文新誌』

英米の名作を縮め、易しい英語に書き換えたりして出版したが、右の雑誌同様、これは広く世間に英語の教材を提供するところとなった。一九〇二年から一二年の間に出版されたこの種の本は八冊を数え、英語教育者としての梅子の名声を確立した。

アナの友情と人的支援

塾の揺籃期を支えたのは友人の励まし、フィラデルフィア委員会からの経済的援助、そして人的支援であった。アリスは無給で働き、女子師範学校の給与から自分の家賃まで塾に払っていた。そして一年半の滞在を終え、帰国する段になると、養女の光子を残していった。（すでに教授陣に加わっていた光子は小さな学校にとって必要であった。）さらに、アリスと入れ代わりにこんどはアナ・ハーツホーンが梅子を助けるべく一か月後に駆けつけた。

津田塾の礎を語るうえでアナは欠かせない人物である。祖父ジョウゼフ、父ヘンリーともに医学を修め、ヘンリーは敬虔なクエーカー教徒でもあった[10]。仙がアメリカから持ち帰った医学書の邦訳でヘンリーの名は日本でも知られ、一八九三年アナを伴って初めて日本を訪れた。二年後には再び慈善事業のため来日し、その二年後の一八九七年、日本に「骨を埋める」ことになる[11]。ブリンマーでの出会いと二度の来日で、アナはすでに梅子と友情の絆を強くしていた。

この友情に加え、早くから梅子の計画の理解者であったこと、一九〇二年に来日する前にフィラデルフィア委員会で活躍していたことなど、アナは梅子の右腕となる条件を備えていた。二度の休暇と震災後の復興資金集めの帰国を除けば、一九四〇年までの四〇年近くを塾に献げている。梅子の没後も一一年間日本に留まったことになる。誕生間もない塾を梅子と育て、その危機を救い、梅子の死後その伝統を見守った人である。

のちにアナは梅子の追悼記事でフィラデルフィア委員会について

委員会は塾の経営にいささかも関わっていません。長い間委員たちを団結させてきたものは、津田梅とその仕事に対する信頼だけなのです。

アナ・ハーツホーン（1860〜1957）
塾創立以来、40年近く塾を支え、関東大震災後はアメリカで復興資金募金の中心となった。

と語っているが、アナ自身の献身もこの信頼に基づいていた。同じ記事で梅子との友情について

ブリンマーで始まった交際は、やがて人間にかつて許された最も幸せな友情に熟していきました。

と回想している。その友情と生来の無私の精神からアナは無給で塾のために働き、休暇で帰国するときには代用教員の給料まで払っていた。

アリス、アナ、名を留めなかったフィラデルフィア委員会のメンバーたち。梅子の学校は意気に感じたアメリ

カの女性たちに支えられて育った。

サムライの娘

梅子の私生活に目を転じると、一九〇二年に興味深いことを二つ行っている。まず分家を構えたことである。法律では許されていたものの独身女性がそんな大それたことをするのは例外であった。二つ目の伝記を書いた山崎孝子氏は、塾長として社会的にこうしたほうが好都合であったからではないかと推測しているが、私にはもっと象徴的な意味合いがあったように思える。

一七、八歳で自分の学校を持ちたいと夢見ていたころ、梅子は世間のひんしゅくを買うことなく自分の学校を持つことができるなら、それで充分です。とランマン夫人に告げていた。あれからなんと長い道のりであったことか。すでに一五年余り経済的に独立していた梅子が、独立した戸籍を持つことは社会的にも独立したことを宣言するものではなかったか。

分籍に際し、梅子は自分の名に「子」を加え、今風に改めた。そのことは珍しくはないが、面白いのは身分を「士族」と登録していることである。

名を現代風に改めながら階級を古いままに残しておいたのは一見矛盾に思えるが、なぜか。（父仙が一八八一年に「士族」から「平民」に登録を改めていることと考え合わせると一層興味深い。）

梅子が武士の娘として育ったのは渡米前の七年足らず、物心ついてからは二、三年間である。その後一一年間は世界で最も民主主義の進んだ国の子として成長した。にもかかわらず梅子が「武士」にこだわったとすれば、それはきわめて西洋的な「武士」(サムライ)観によっていたと思われる。「勇敢にして精神的に高貴」、ランマン氏がかつて「知的貴族階級」[12]と称した、そんな武士のイメージを梅子も抱いていたからと思われる。

社会的身分、というよりは精神的に優れたものとして西洋で理想化され、呼び名もそのまま英語に定着した「サムライ」の誇りを留めるものとして、梅子は出生の証しを戸籍に留めたのではないか。アナは梅を「武士の女性の花」と解説し、梅子が自分の名の由来に好んで言及した、ということもここで思い出される。

英語教育の特色

英語教育に関していえば、梅子の教授法の特色は、基礎の段階で厳しく正確さを要求したことと、運用力を重視したことである。前者は高等女学校での「英語」の程度が低かったことと関係がある。三島澄江は英語の自伝でこう回想している。

私たちは少しは英語というものをやりました。英語を知っていることが若い日本人の全てにとって新しい教育を受けた証しでしたから。英語の先生は、妻が夫の外国語の本を逆さに本棚に並べたりしないように、また、英語で書いてある缶詰のラベルを見て中身が何であるか分か

る程度に英語を習わなければいけない、とおっしゃっていました。(13)
三島は一九一〇年代中頃、一年の受験勉強のあと女子英学塾に入学している。選抜があったとはいえ、高等女学校でお粗末な英語教育しか受けなかった学生たちを三年間で教員免許が取れるまでに鍛えるのは容易なことではない。塾の教育が厳しかったのはそんな事情が背景にあった。

運用力を育てる試みとしては、授業以外に毎月行われる「文学会」があった。この会は元園町の「お化け屋敷」に移り、皆が一同に会するだけの広い部屋を持つと同時に始められた。プログラムは英詩の暗誦、エッセイの朗読、音楽、寸劇などからなる。寸劇はアリスが選び、あるいは授業で用いている教材を翻案してシナリオを書いた。

暗誦、朗読は寸劇と同じように英語を立体化し、あるいは言語の四つの技能を組合わせた効果的な学習であるが、同時に人前で演じることでパブリック・スピーキングの訓練ともなった。訳読中心の英語教育が行われてきた日本にあって、これは斬新な試みであった。学生にとっては学芸会の楽しさもあった。第一期生から始められたこの月例文学会はやがて学外者にも公開する形で続けられた。

一九〇三年、第一期生を世に送り出したのは、梅子が「実験」と呼んでいた仕事のひとつの節目であった。卒業したのは八名であったが、そのうち五人は英語教員免許を取得した。この資格を与えられた最初の女性たちであった。

第１回卒業記念写真（1903年４月２日）　後列左から５人目が捨松、その右が梅子

卒業式の一か月前、専門学校令が発布されると、梅子は認可を申し出て女子英学塾は専門学校となる。

さらに塾の評価を高めるものとして、二年後の一九〇五年には、塾の卒業生は教員免許の試験を免除された。この特典はその後一八年間、女子の教育機関としては津田のみに許されたものである(14)。

その実績を裏付ける授業を見ようと、師範学校や東京外国語学校（後の東京教育大学と東京外国語大学）の男子学生が見学に塾を訪れた。その数が増えて、一回につき二五名までと制限をつける必要さえ生じた。

塾の基礎固まる

五年間でも実験をしてみたい、と梅子が言っていた塾が着実に根を下ろした、といえるだけの成果は上がった。一九〇五年には同窓会報（英文）を発刊、アナ・ハーツホーン作詩の校歌もできあがった。一人前に成長した結果である。

会報第一号に掲載された梅子の挨拶はそれまでの仕事の自己評価として興味深い。まず塾の規模について

私たちの始まりはまことに小さなものでした。しかしほんとうに強い人間は自分の子供時代を恥じることはありませんし、規模そのものは価値の基準には全くなりません。私たちは小さな始まりに誇りを持っていますし、今もなお小さな学校であることに同じように誇りを感じています。(15)

と書いている。量よりも質を求めた方針に自信を示しているようであるが、質については続けてこう言っている。

私たちは少数の真摯な学生だけを求めました。勉強する意欲を持ち、成長し、自己の向上――知識を身につけるだけではなく、精神力としっかりした性格を備えること――を欲する者だけを。

自分の理想とする教育は多数の学生が対象では行えない、という考えは開校式辞でも述べていた通りである。

さらに五年間を振り返り、学生たちの「自主的研究と自主的思考」を奨励してきたことに触れ、その理由をこう述べている。

こういう能力が男性に求められているように、女性に求められる日は急速に近づきつつあり

ます。教師や他人に依存することを促すような教育は、卒業して校門をあとにするとともに終わってしまうような教育です。

生涯学習し続けること。これは梅子が卒業式辞で度々諭したことである。しかも知識だけでなく、精神力としっかりした性格を備え、自主的思考ができる——それが梅子の育てようとした女性である(16)。

今日でもなお「新しい」といえるそんな女性を一世紀近くも前に梅子は理想として掲げたのである。正しく認識すればこれは革命的な思想であり、およそ官立の、あるいはスポンサー付きの私立学校では容認されない理想であった。大正時代に入って世の注目を浴びることになった「青踏」の主張に先駆けること十数年、梅子一流の女性解放であった。

新しい女性への期待

塾の特色として、三島澄江は驚いたことのひとつをこう回想している。

学生は静かに先生のいうことを聞き、ノートを取り、それを試験のために暗記する、というようなことは許されませんでした。くまなく予習をして、教室では意見を述べることを求められました。先生と論争をすることを許されていましたし、納得しなければ先生に同意する必要はありませんでした。女の子が、何であれ、ある事について意見を持ち、しかも立派な先生と議論を戦わせていい、というのは私にとっては啓蒙的な経験でした(17)。

一九一〇年代半ばのことである。世の中の保守性を証言していると同時に塾のリベラルな雰囲気を伝える一文である。

のちに女性解放、社会改革運動で名を馳せる山川菊栄もこんな思い出を残している。日本でまだ女性の参政権運動がほとんど知られていない時代に、「日本の女性の地位」とか、「米英における婦人参政権運動《サフリッジ》」とかいう課題で英作文を書かされた。そのため英米の文献を調べなくては書けなかった、と。

世に先駆けた結果、塾からは思わぬ「急進的」運動家も生まれた。[18] これは梅子の意図したところではなく、梅子は理解を示さなかった。しかし、これらの運動家も塾の教育のひとつの産物であり、長い目で見れば女性の地位向上という目標に向かっていたことは見逃せない。

梅子が学生たちにかけた期待は、先にあげた理想のほかに卒業式辞によく現れている。年々少しずつ趣きを変えているものの、式辞の中でくり返されているメッセージは三つある。弛《たゆ》まず自己向上を続けること。自ら得たものを分かち合うこと。そして女性の地位向上を目指すこと、である。

第一点は先にあげた自主的思考とつながっている。一九一〇年の式辞ではこう言っている。

ほとんどの日本人女性に比べ、皆さんは大きな特典を受けてきました。しかし力点をおいてきたのは、皆さんが学んだことの量でもなければ、読んだ本の難しさでもありません。私たちは、皆さんが細心にして正確な思考の能力をつけるよう努力してきました。皆さんが単に学ぶだけではなく、これからさらに学び、考えることができるように、とのねらいからです。アメリカで教育を受けた梅子は卒業が「コメンスメント」（始まり）と呼ばれる意味をこうして学生に伝えたのである。

第二点は一九〇六年の式辞で種子の比喩を使ってこう説いている。

撒《ま》かれた種子は豊かに実をつけなければならないことを心得て下さい。受けたものはこれに付け加えて他の人たちに伝えていくべきことを。

「分かち合う」ことが他の女性を引っぱり、その地位を向上させる、という考えから、第二点と第三点を結びつけているのは一九一五年の式辞である。

自分に欠けているものを認識し、受けた教育の価値が認められ、尊敬に値する人になるよう努力して下さい。そして多くを受け取った者は、多くを他人に与えなければならないことを憶えていて下さい。これらのことを、たとえ部分的にでも、なし得たなら、皆さんは他の日本の女性の権利と名誉への道を拓《ひら》くことになるでしょう。

教育を受けた女性に課された義務は右の一節によく現されているが、これは歴史的意義を充分認識してのことである。

一九〇九年の式辞でもこの点に触れ、こう言っている。

日本女性の教育はまだ揺籃期にあります。その成長はまだ不充分で、寒風や冷害にたやすく傷つけられる若い、繊細な植物のようなものです。それが自然の生長を遂げ、充分な大きさと力をつけるには、この世代の女性——彼女たちがどんな人間で、何をなすか——にかかっています。教師として、あるいは家庭において、皆さんには開拓者としての困難、責任、そして義務があります。

これは梅子自身が小さな種子として撒《ま》かれて以来実践してきた信条であるだけに説得力がある。

独自のフェミニズム

日本の女性が置かれた地位を思うと「怒りに燃えます」とかつてランマン夫人に告げた梅子は、しかし、ただ声高に女性の権利を要求する種類の「フェミニズム」に組しなかった。

大正デモクラシー、「青踏」華やかなりし頃の卒業生に向けた式辞（一九一六年）で、梅子は独特のニュアンスを込めて時の運動に触れている。

女性の地位を向上させ、女性の領域を拡げるあらゆる運動において、問題となる最も重要な点は、常に女性自身の価値と能力です。女性に能力があり、健全で責任感があり、賢明かつ公平な判断ができ、信頼を受けるに足ることを証明してはじめて責任、自由、あるいは権利が与えられます。（傍点筆者）

梅子がこういう立場を取ったのは、おそらくアメリカの事情によく通じていたからであろう。

五〇年は先を行っていたといわれるアメリカの女性解放の歴史を見て、この分野においても地道で、自助的な努力こそ最も着実な道であることを知っていたからであろう。

近代日本の教育、特に女子の高等教育を論じるとき梅子が必ずといっていいほど取り上げられるのに、[19]日本のフェミニズムの研究ではあまり取り上げられないのは不思議である。[20]（梅子は「フェミニスト」というレッテルを貼られることを嫌ったであろうが、疑いもなく女性を知性の領域で解放したパイオニア的存在といえるからである。）

熱血教師、梅子

教壇に立つ梅子は訳解、英詩、文法、作文、教授法など、週に一四時間担当していたが、厳しい教師であったことは、伝記、学生の思い出で語られ、よく知られている。一語の発音といえども満足がいくまで何度もくり返させる。作文では英語が正しいかどうかだけではなく、理論的でない箇所を見つけると、とことん問いただして書き直させた。山川菊栄は好みの点では必ずしも梅子と合わなかったが、梅子の授業に関しては「実に真剣で熱心で、英文の味やコツを体得《たいとく》させる呼吸に至っては、まことに得難い妙手であった。」といい、次のような描写を残している。

御自分の日本語はいくらか片言《かたこと》じみて、完全とはいへなかったにもかゝはらず、言葉の感覚が鋭敏で、生徒に譯をさせて聞き乍ら、それで正しい純粋な日本語になってゐるかどうか、また原文のデリケートな味や陰影をよく傳へてゐるかどうかといふやうな點《てん》について、日本で育った大抵の日本人よりも的確な判断力をもってゐられた。從って生徒の譯が中々《ママ》お気に召さず、「ネキスト、ネキスト」と同じ所を次々と何人にもやらせ、御自分では心持は分ってゐても適切な譯語が出てこないもどかしさに、それが先生の癖だった（が）、頸《くび》から胸にかけた時計の鎖をキュッ〳〵と忙しくしごいたり、萬年筆のサックをぬいたり着せたり、ぢり〳〵してゐられる。気の小さい生徒は、一層あはてゝまごつく。そんな時、丁度思ふ壺にはまった答へをする者があると、先生のお顔は、一時にパッと日がさしたやうに輝き、溶けるやうな笑顔になってしまふ。教室に入って來《こ》られた時、どんなにむづかしい、御機嫌の悪い顔つきであっても、授業の終る頃には、蕩けさうな佛顔になり、あの丸々した可愛らしい短い手を元気よくふりながら、カラ〳〵笑って、英語で洒落や冗談をいひ〳〵教室を出て行かれるのであった。教へることに身も心も打込んでゐられた先生には、教室こそ天国だったのであろう。(21)

その後数多くの著作を物した山川菊栄を感心させるような語感を梅子は持っていたようである。

学生との生活

右の情景にもあるように、厳しさを親しみで補うのは梅子の教育の特色であった。(22)ちょうど塾が育って行く一九〇四年からの三年間を塾で過ごした岡村品子の回想とアナの覚え書から、梅子と塾生の生活を垣間見ることができる。

梅子は学生たちよりも早く起き、寮生と朝食を取ると直ちに学校へ向かった。土曜日の夜は特に楽しいひとときだった。学生が順番で手作りの夕食を用意するからである。

食事が済むと、お茶をすすりながら梅子はアメリカの話をいろいろして聞かせた。ためになる話もあれば面白い話もあった。まず英語で話し、次に日本語で話す。学生たちが笑うと自分も一緒になって「ハッハッハッ」と声をあげて笑うのであった。(梅子は終生アメリカ人のなまりが抜けなかったというから、面白い話はよけい面白く聞こえたのかも知れない。)

アナによると土曜の夜の終わりは決まってカントリーダンス（フォークダンス）でしめくくりとなった。パーラーにあるオルガンの伴奏に合わせ、合《あい》の手のかけ声まじりで賑やかなものだった。

梅子は学生たちに話を聞かせながら火鉢の灰の上に火ばしでよく漢字の練習をしていた、と岡村は回想している。

梅子が学生をなるべく寮に住まわせようとしたのは、最初から学校を持つなら「教師が影響力を最大に及ぼせる寄宿学校」を、と望んでいたからである。(創立時の簡単な規則に「日夕の温育感化」がうたわれているのもこのためである。) さらに、アナによれば、学生たちが勉強に専心できるように、との配慮もあった。娘を学校にやるだけの理解のある家庭でも、娘は家事の手伝いに追われて充分勉強の時間が取れなかったからである。

寮生の思い出を読むと、教師と学生の間に教室では見られない親しみと和《なご》やかな雰囲気があったことが分かる。事実一九〇五年の同窓会報で梅子は、よその人たちが塾の学生は「教師に対して率直な友人のような関係で、あけっぴろげで遠慮がない」と批判していることに触れ、「こういう関係は礼儀と充分な敬意が伴う限りよいことです。」と言っている。

三島澄江もいうように「先生と議論を戦わせてもいい」といった雰囲気はアカデミックな世界ではむしろ奨励されるべきで、それは日常の親しい関係の中で培われるからである。世間の人はどう思おうと、アメリカで大学生活を送った梅子にとっては、それはしごく自然なことであった。

休養の旅と父の死

塾は順調に成長を続けたが、その背景には多くの人々の献身があった。アリスとアナは無給で働き、最初の二年は他の教員もほとんど人力車代しか受け取っていなかった。一九〇三年にファニー・グリーンという女性が初めて「まともな給料」で採用になったが、その母親は創立当時から無償で音楽を教えていた。

専門学校になってから梅子も給料をもらうようになったが、月二五円というのは一八年前に華族女学校に就職したときの半分である。有給の教員が増えてからも、塾は多くのボランティアの教師の助けがあって成り立っていた。

このことからも分かるように、梅子は絶えず経済の問題に悩ませられていた。学生数が増えるほど経営は苦しくなったが、アナによると梅子は「沢山のことを吹き込んでやれる熱心な若者のこと

4度目の外遊に際しての記念写真（1907年1月）前列右から4人目が梅子。

を考えると、絶えず前へ進むことを迫られているように感じていた。」体の不調、ぜんそくのことが手紙に現れるようになったのは、まさに塾の基礎が固まった一九〇五年からである。

梅子は鎌倉稲村ケ崎の丘の中腹にわずかばかりの松林を借り、小さな別荘を建てて静養するようになったが、充分な休養にはならなかった。

友人たちに促され、一年の休暇を取り、梅子は妹のよなを伴って一九〇七年初頭アメリカへ向けて旅立った。アリスは代用教員に支払う給料分の寄付を集め、フィラデルフィア委員会はアメリカ滞在中の世話をかって出、アナは塾の留守を預かった。

休暇といってもまったく骨休めというわけにはいかなかった。ハワイでは学校を視察し、講演を頼まれている。ブリンマーでは学生たちが「君が代」を日本語で歌って歓迎した。ここでも講演を行っている。塾の経営に必要な基金作りのために、ボストンなどへも講演に出かけている。

ジョージタウンでは経済苦を訴えるランマン夫人のために、ランマン氏のコレクションの処分を手伝った。宮内庁から贈られた花瓶はスミスソニアン博物館に寄贈されたが、コレクションの大部分は骨董商に売られた。(森有礼が贈った着物は荷箱のつめ物に使われ、一〇ドルで売られた。)

学者や作家を対象としたアリス主宰のキャンプも訪れるが、この旅行のハイライトのひとつはシーオドア・ローズヴェルト大統領との会見である。

九月末の一日、妹よなとともにホワイトハウスに招かれ、グリーン・ルームで大統領、夫人と娘たちに会っている。大統領夫人はアリスの『日本の少女と女性たち』を読んでおり、その本のことや梅子の塾のこと、日本での教育が話題になった。

日本の伝統の中で大切にしたいものは、と夫人に聞かれ、梅子は「犠牲の精神と忠誠」と答えた。遅れて入ってきた大統領はたまたま『赤穂浪士』を読んでいたので、日本人の「忠誠心と忠実」をアメリカ人は学ぶべきだ、と話した。

二日後、ランマン夫人の住む通りの人たちは、ホワイトハウスから梅子に届けられたバラとカーネーションの大きな花束に目を見張ったという。

アメリカを発った梅子はイタリアに立ち寄り、珍しく観光のみの滞在をして、一九〇八年初頭に帰国した。

帰国して三か月後、父仙は脳出血で亡くなった。農学社を閉じてからも仙は『農業雑誌』を続け、農園を次男の次郎に任せてからはキリスト教の活動、環境問題、禁酒・禁煙運動などに従事していた。

朝日新聞の追悼記事には「貴族院議員」とあるが、これは面白い間違いである。仙は明治キリスト教界の三傑と称えられ、(23)幅広く社会運動に関わったが、政治には無縁の人であった。仙の葬式を司った牧師は彼を「偉大な平民」と称えたが、この呼び名こそ仙にふさわしかったと思う。

次いで翌年には母を失い、恩人伊藤博文はハルビンで暗殺され、梅子の身近には悲しい出来事が続いた。

高まる塾の評判

そんな中で梅子を支えたのは生涯をかけた塾の仕事であった。幸いその成功は海外にまで聞こえた。一九〇九年フィラデルフィア委員会にYWCAのキャロライン・マクドナルドが送った手紙にはこうある。

津田嬢の学校は小規模なので(中略)完全さと個人的接触が可能なのです。一五〇名の学生は皆三年から四年、ある者は四年から五年学びますが、ひとりひとりが識別され、個性が伸ばされておりますので、こうした学生ひとりは普通のやり方で教育を受けた学生の一〇人分に数えられましょう。現に今までそうでありました。津田嬢の学校はその規模と卒業生の数をはるかに越える大きな影響力を持っています。その名声は日本の端から端まで届いており、津田嬢の名は教育界においてパスポートのようなものです。

私は決して最上級のことばを弄《もてあそ》んでいるのではありません。私は広く日本を旅行していますし、常に、そして例外なく教育者や学生と接触していますが、女史の学校は完全さとしっかりした性格を代表しており、日本における最も重要なパイオニアの仕事をしています。(24)

いささか褒めすぎていると思えるが、こんな報告を受けたフィラデルフィア委員会は嬉しくないはずはない。力づけられ、さらに梅子を支援する仕事に励んだ。

創立十周年を祝う翌一九一〇年には、ウッズ夫人とその娘からヘンリー・ウッズ氏の記念にと、四〇〇名を収容できる立派な講堂が塾に贈られた。設備面もこうして整い、塾は一〇年の年月を重ね、成長を続けた。

教壇から遠ざかる

峠を越したという安心感からか、この頃ランマン夫人に宛てた手紙で梅子は、ふと「学校の生活は大変退屈なものです。」と漏らしている。

「世間でいう意味で成功したいなどとは思いません。」と梅子は言っていたが、塾の成功は組織の拡大につながり、教育よりも経営の職務に時間を割かれることに退屈を感じたのかも知れない。間をおかずこうも言っているからである。

学生たちはよくやっています。彼女たちがうまくやっていけば私には大きな満足であり、喜びでもあります。それに私たちは実際に忠実で、進取的で、勤勉で、しかも知的なすばらしい学生たちを送り出しています。皆私たちの可愛い学生たちを褒めています。（一九一〇・二・二五）

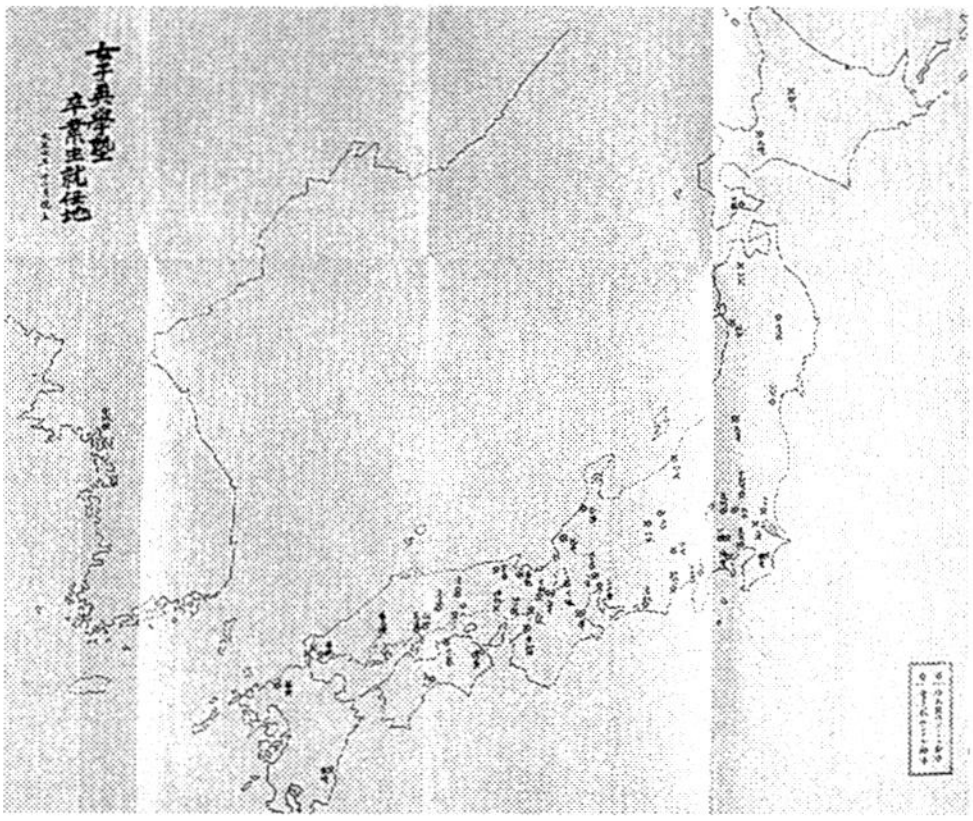

1918年当時の卒業生の就任地を示す地図　就任地はおもに高等女学校であった。

健康が思わしくなく、授業の担当が減ったこともあるが、退屈と感じたのは戦いのクライマックスはもう過ぎた、と感じての脱力感でもあったと思われる。小さな体にエネルギーのつまった梅子は、常に挑戦に会ってエネルギーをさらに満たすタイプの人間であったから。

卒業生はすでに全国に散って仕事をしていた。アナによると

梅子はほとんどの（学生の）就職に自ら関わり、状況を検討し、両親に娘の翼を試す機会を与えてやるよう説得し、ひとりひとりの学生が最も成功しそうなところへ巧みに配置した(25)。

梅子は執務室の壁に日本地図を貼り、卒業生たちの赴任地にリボンの旗を立てていた。アナによれば、学生たちは「時々私の

旗を見て下さいね。」と頼んで任地に赴いたそうである。そして「先生が鷲のような目で自分たちの働きぶりも、幸せも見守っていてくれる、と知っていたから。」と説明している。

リボンの旗はあたかも梅の園から広がっていった苗木であり、やがて実を沢山つけることを信じてか、梅子はこの地図を嬉しそうに眺めていたという。

入院

健康を害して授業の数は減らしたものの、公務では梅子はなお多忙であった。一九〇五年に日本ＹＷＣＡの初代会長に選ばれていたが、一九一三年には日本を代表して国際キリスト教学生会議出席のため、ニューヨーク州モーホンクに出かけている。

この会議で「福音書の紹介」について講演を行ったほか、婦人問題のディスカッションにも加わり、またホテルでも日本について講演を行っている。塾の基金集めのためフィラデルフィア、ボストンなどで講演会も開き、二万円の寄付金を集めている。

八七歳になったランマン夫人を訪ねると、少しぼけて気むずかしくなり、懐かしい家は荒れ果てていた。夫人は手入れをするお金もないと信じていたが、梅子が鍵のかかった自分の昔の部屋に入ってみると、残高が三千ドルもある夫人名義の通帳を見つけた。梅子は早速大工やペンキ屋を呼び、家の手入れをさせた。

梅子が贈った真新しいガウンを着て、幸せそうなランマン夫人とジョージタウンの玄関で別れたのが最後となった。夫人は翌年二月、梅子の帰国後三か月で他界した。

大正時代に入ってからは、右の大会出席のほか注目すべきこととしては、一九一五年の勲六等受章と一九一六年『大正女子リーダー』五巻（熊本謙次郎共著）の出版がある。受章についてアナは

もし華族女学校に留まっていれば、こういう栄誉は勤務に対する当然のこととして与えられたでしょう。しかし私立学校の長に与えられたということは個人の業績を認められてのことで、そのことを友人たちは大変喜びました。


と言っている。

リーダー（英語教本）の出版は教材を広く世の中に提供するとともに財源の一助ともなった。(26)

一九一〇年代半ばまでは右に見るように、梅子はまだ内外で活躍していたが、明治の終わりは梅子にとってもひとつの時代の終わりであった。両親を失い、ランマン夫妻も今はいない。（森も伊藤も暗殺された。）梅子は時の流れをいやでも感じた。特に自らの最も活発に動き回れる時は終わったことを認めざるを得なかった。

一九一七年梅子は糖尿病で入院する。一、二週間の入院と思っていたのが二か月に及んだ。精神は人一倍元気だっただけに、これは苦痛で、その苦痛は肉体よりも心理的なものであった。入院して三週間たった日の日記にはこう記している。

これは長い、長い監禁です。しかも私が直面するのは現在だけではなく、長い将来です。こ

れが活動できる生活の終わりとなり、仕事をすっかり止めてしまうことになるかも知れないからです。（中略）仕事ができない人生なんて価値のないものです。なのにもう仕事は制限されるでしょう。やりたかったことに比べると、これまで私にできたことはあまりにも少なく、ここで止めなければならないのは口惜しいことです。（一九一七・六・一）

約二〇年前、ロンドン滞在中の旅日記に

こんな贅沢をしていても私は仕事と忙しい生活を懐かしく思います。どんなことがあっても私は決して有閑夫人にはなりません。（一八九八・一一・二八）

と書いているが、ピューリタンとして育った梅子が、無為の生活を「価値のないもの」と言ったのは決して誇張ではない。

六月半ばになるとすこしは冷静になったのか、戦場で命を落とす若者と我身を引き比べ、我身の安全を願う気持を抑えようとしているが、五二歳でやり残したことがまだあると思うと無念な気持は隠しおおせない。

あと一〇年や一五年生きたいと思ってもごく自然だと思うが、戦場に赴く若者――高貴で立派な若者、国の華ともいえる彼らのこと、彼らが直面する苦しみや死のこと、しかもそれらは残酷で無駄なこと――を思うと、私自身の人生が利己的な、役に立たないものではなかったと思えるからといって、もっと長生きすることを期待し、求め、祈ったりしてよいものだろうか。

それでもなお、まず私の頭に浮かんだのは、私の人生は他人の役に立ったし、利己的なものではなかったのに、なぜこの災難が私にふりかかり、なぜ長生きが私に許されないのか、という思いであった。(一九一七・六・一三)

敬虔なキリスト教徒として生きてきた梅子が神の摂理に疑問をはさむ、あまりにも人間的な問いであった。

病床での試練

続く二年間は入退院をくり返すことになるが、病床にあって梅子は幾つかの試練に直面する。まず一九一八年春、東京女子大学(専門学校)が創立されると、新渡戸稲造が校長に、安井てつが学監に就任したことである。

アメリカ伝道局が諸派の協力でキリスト教主義の女子大学の計画を始めたのは一九一三年である。一九一五年軽井沢で開かれたキリスト教関係者の講演で、梅子は女子高等教育の未熟を指摘し、間接的ながらこの種の学校ができることを支持した。しかし新渡戸の就任は予期していなかった。設立準備が進んでいた一九一六年、女子英学塾の理事として新渡戸自身、この学校が設立されたら「比較的弱い学校は従属的地位でしかほとんど独立して存続する可能性はない。」と予言していた。(27) たまたま病に倒れたときにその人が新しい学校の校長に就任する、ということは意外であった。

また安井てつはケンブリッジの師範学校に留学する前に、半年ほど梅子の家に下宿して英語を勉強した人で、二人はケンブリッジで度々会っており、帰国後てつは二、三年塾で教えもした。梅子はてつに大きな期待をかけていた。新渡戸と安井がそろって新設の学校に就任したことは、梅子に大きな打撃を与えたことは否めない。

さらに東京女子大学開校一か月後には、親友アリスが他界する。女性問題を語り合った仲間であり、塾の設立に多大な貢献をしてくれた友人を失ったことで、梅子はますますひとつの時代が終わったと感じたようである。

その年の同窓会報に寄せられた一文には遺言めいた響きがある。

この学校は成長しなければなりません。いや、成長し続けるでしょう。一粒の小さな種子《たね》から成長してきたように、将来目に見える変化、物質的拡張がどうなるのかは想像もできません。どんなに望んだとしても、少数の献身的な教師でやっていけるような小さな学校のままでいるわけには参りません。より大きな未来に目を向けなければなりません。しかし初期の精神は決して失ってはなりません。手がける仕事のすべてに見せる愛、忠実、熱意、忍耐、他人との心からの協力、弛《たゆ》まぬ目的意識――これらはほんとうの成功に導くもので、最も尊いものです。(28)

「遺言」といったのは梅子にはある覚悟ができていたからである。

年が明けて一九一九年、梅子は塾長辞任の願いを提出した。塾ではそれを受け入れず、辻マツを塾長代理に任命した。梅子を安心させる皆の配慮であったが、辻が就任して二日後には捨松が逝き、二週間後の一九二〇年二月には梅子自身が軽い卒中に襲われる。八月にはさらに強度の卒中で片手の自由を失い、同年末には五度目の入院をさせられる。

それから一〇年、療養生活に入った梅子は徐々に運命を受けいれ、平静の境地に達するが、逝去直前の同窓会報（三四号）には

今の私には沢山の時間がありながら、忍耐強く、明るくしていること以外ほとんど仕事はありません。これはたやすいことではありません。

と述べている。それでも落着きと諦めを見せるようになったのは、信仰があったからだとされている。

辻　マツ

大学への準備

一九一八年一二月の大学令発布で男子の私立大学が認められるようになり、一九二〇年に慶応、早稲田といった専門学校が大学に昇格した。

女子英学塾も創立二十周年が近づくにつれ、大学昇格の準備が進められた。辻マツによって教養科目の充実が計られ、八〇万円の募金を始め、都下の小平市にキャンパスの移転地も求めた。いずれは塾を大学にしたいという希望が梅子にもあったことは、一〇年以上講師を勤

めた片山寛の回想から分かる。しかし

女史は「本当に大学になれるなら、私の塾も大学にしたい。名ばかり大学で実は専門学校というのではご免だ。」と言っておられた。[29]

と語っている。名実不一致を嫌う梅子の性格がうかがえるエピソードである。

本科に加え、専科を設けるなど、準備は着々と進められたが、女子の大学が認められるのは第二次大戦後（一九四八年）であった。[30] それもアメリカから派遣された教育使節団、ＧＨＱの教育部などの圧力があってのことだが、このとき活躍したのは梅子の後継者の一人、星野あい（二代目塾長）であったことは意義深い。

第九章　註

（1）アナ・ハーツホーン覚え書。
（2）梅子のいとこ渡辺政子の娘。一八八九年アリスの養女となり、アメリカに渡る。
（3）一八七二年に師範学校（男子）が開校した時の学生数は二四名であったことを考えれば、さほど少数ともいえない。
（4）*Gendai Eigo*, No.12 (October, 1900), pp.1—3.
（5）"Teaching in Japan," *The Bryn Mawr Quarterly* (August 1907).

(6) "Teaching in Japan"

(7) 一九三三年小平に移転するまで、三〇年間ここが女子英学塾のキャンパスであった。

(8) 英名 *The English Student*. 編集主任は元明治女学校教員で塾の幹事、桜井彦一郎。

(9) 英名 *The Student*. 第一号は六月刊。当時「朝日新聞」の発行部数は約八〇〇〇部。

(10) ヘンリーはフィラデルフィア大学、ペンシルヴェニア大学の教授を歴任、クエーカー派の雑誌 *Friends' Review* の主筆も務めた。

(11) 青山墓地に埋葬されている。

(12) *Japanese in America*, p.47.

(13) *My Narrow Isle*, p.37.

(14) 一九二三年、日本女子大学校専門科英文学科に与えられた。

(15) *The Alumnae Report* No.1 (1905)

(16) 最初の伝記を書いた吉川利一氏は「キャラクター」を「品性」と訳しているが、信念、勇気を備えた人(またはその性格)と取るほうが英語のニュアンスに近い。

(17) *My Narrow Isle*, p.60.

(18) 山川菊栄、神近市子などがよく知られた例である。

(19) Benjamin C. Duke, ed. *Ten Great Educators of Modern Japan* でただ一人の女性として登場する。

(20) Dorothy Robins-Mawry, *The Hidden Sun : Women of Modern Japan* ではかなりの紙数を梅子とその後継者にさいている。

(21) 『津田英学塾四十年史』四七八―四七九頁。

(22)『津田オーラル・ヒストリー』第二冊（一九八二）。岡村品子の生涯は村上由美子『百年の夢』（新潮社　一九八九）に描かれている。

(23) 吉川　二八三頁。あとの二人は中村正直と新島襄。

(24) "Forty Years" と題をつけられた草稿に引用されている。この草稿の筆者はアナと思われる。

(25) 覚え書。

(26) 一九一五年当時、学生数約二〇〇、寮生七、八〇名。収入不足分三、四〇〇〇円は寄付金で賄い、その一部はフィラデルフィア委員会から寄せられた。（吉川　三〇五頁）

(27) アナ・ハーツホーンの覚え書。

(28) 辻は東京女子高師卒業後、塾の選科で学び、その後米・英に留学していた。

(29)『英語青年　津田梅子追悼号』（一九二九・一一）。山崎孝子『津田梅子』に引用、二四五―二四六頁。

(30) この年大学に昇格したのは、津田塾のほか東京女子大学、日本女子大学、同志社女子大学、神戸女学院、聖心女子大学の五校である。

第一〇章　大震災と復興

関東大震災と復興資金集め

一九二三年の関東大震災は五番町の校舎を焼き尽くし、それまで築いてきたもので形のあるものは全て灰塵に帰した。しかしこの試練は同僚の梅子への友情、アメリカの友人たちの献身ぶり、在校生の不屈の精神と卒業生の母校愛などがよく表される機会ともなった。

梅子が療養生活を送っていた品川御殿山の家は辛うじて火災を免れた。喪失のショックを病床でかみしめていた梅子を訪ねたアナはそのときの模様をこう描いている。

震災の日とそれに続く幾日かの間、彼女は木の下の長椅子に静かに横たわって編物をしたり、読書をしたりして、不安な思いに心を向かわせまいと決心したようすでした。ハーツホーン嬢は同じように平静な態度を保つよう努めながら、よく彼女の側で芝生の上に座っていました。向きが変わって風が丘の下の工場の村から火を運んでくるのでは、と恐れ、彼女のもとを離れ

1940年、日米開戦の煽りを受けて、同僚、教え子たちに見送られて帰国するアナ・ハーツホーン（前列右から３人目）。その左星野あい、ふたりの間に立っているのが藤田たき。

ないようにしていました。(1)

三人称で書かれているが、書き手はアナである。平静を装い、ことばを交わさないふたりが考えていたことは同じである。塾を再建できるか、という考えであった。梅子の健康状態ではとうてい遂行不可能なことをアナは自分が行うつもりで策を立てていたのである。

六三歳のアナは震災から一か月もたたないうちにアメリカへ向けて募金行脚に出発した。

見送りに行った星野あいの思い出によると、横浜はまだ瓦礫の山で、アナは避難民を乗せて出航する最初のアメリカ行きの船に乗った。危なっかしい急ごしらえのはしごを上って乗船するアナの後ろ姿が印象に残ったという。

サンフランシスコで梅子の妹よなと落ち合い(2)、アナは早速募金活動を始めた。フィラデルフィアに緊急委員会を発足させ、次いでニューヨーク、ボストン、シカゴ、サンフランシスコ、ロスアンゼルスにも支部を作った。

フィラデルフィアの本部ひとつをとって見ても梅子の交友の広さとその付き合いの深さをうかがい知ることができる。ブリンマー時代のクラスメートは夫のアルバ・ジョンスン氏を説得して委員長を引き受けさせた。副委員長には元駐日大使のローランド・モリス氏を据え、その夫人も委員会に加わった。塾の元教員ファニー・グリーンの兄ジェローム・D・グリーン氏は会計担当、多くの婦人運動に関わっていたイモジーン・オークリーが書記を引き受けた。

よなのつてでニューヨーク支部長には富豪のヴァンダリップ夫人が、またボストン支部長には、日本びいきの芸術家グレース・ニコルズが就任した。ニコルズの助手を務めたのは、塾の卒業生で当時ボストン美術館東洋美術部で働いていた人である。

塾再建のために活躍したニューヨーク委員会のメンバー

友人たちの献身

ブリンマー、ウェルズリー、ガウチャーなどに留学中の卒業生も集まり、にわか劇団を結成して各地で狂言を演じて寄付を募った。演目は梅子が英訳した「瓜盗人」、「清水」である。アナは忙しいなか、この劇団のプロデューサー、監督、大道具係をひとりで兼ね、ボストンでは一晩に六百ドルの入場料を集めた。

「興行」はニューヨークでクライマックスに達した。ヴァンダリップ夫人主催のお茶の会を宣伝するビラは前日飛行機からばら撒かれ、当日はメトロポリタン・オペラハウスから借り出した人力車も加わって一行は五番街をパレードした。人寄せは大成功で、整理に騎馬警官まで出動する騒ぎであった。

恥ずかしがる友人に代わって急きょ人力車に乗るはめになった藤田たきは自伝『我が道』で、宣伝効果は絶大で、「津田の名は一夜にして有名になった」、と述べている。

募金目標額は五〇万ドルという莫大なものであった。グリーン氏の紹介があって、ローラ・スペルマン・ロックフェラー記念財団から、一〇万ドルの募金を他所《よそ》で集めたら同額の寄付をする、と約束された。

直接、間接に津田に関係のある多数の人の協力があったのは確かであるが、その中心はなんといってもアナであった。幼い頃から「純粋な熱意、心からの同情と理解」があって「ハーティ・アナ」と渾名《あだ》のついていたアナ(3)は文字通り心を傾けてこの仕事に取り組んだ。しかも二年半にわたる気の長い仕事となった。

その間梅子はアナに日本に戻るよう手紙で促したと見える。日本を発って九か月後の手紙でアナはこう書いている。

この仕事が終わるまではここを離れて日本へ帰ることなど考えても無駄なことです。このよ

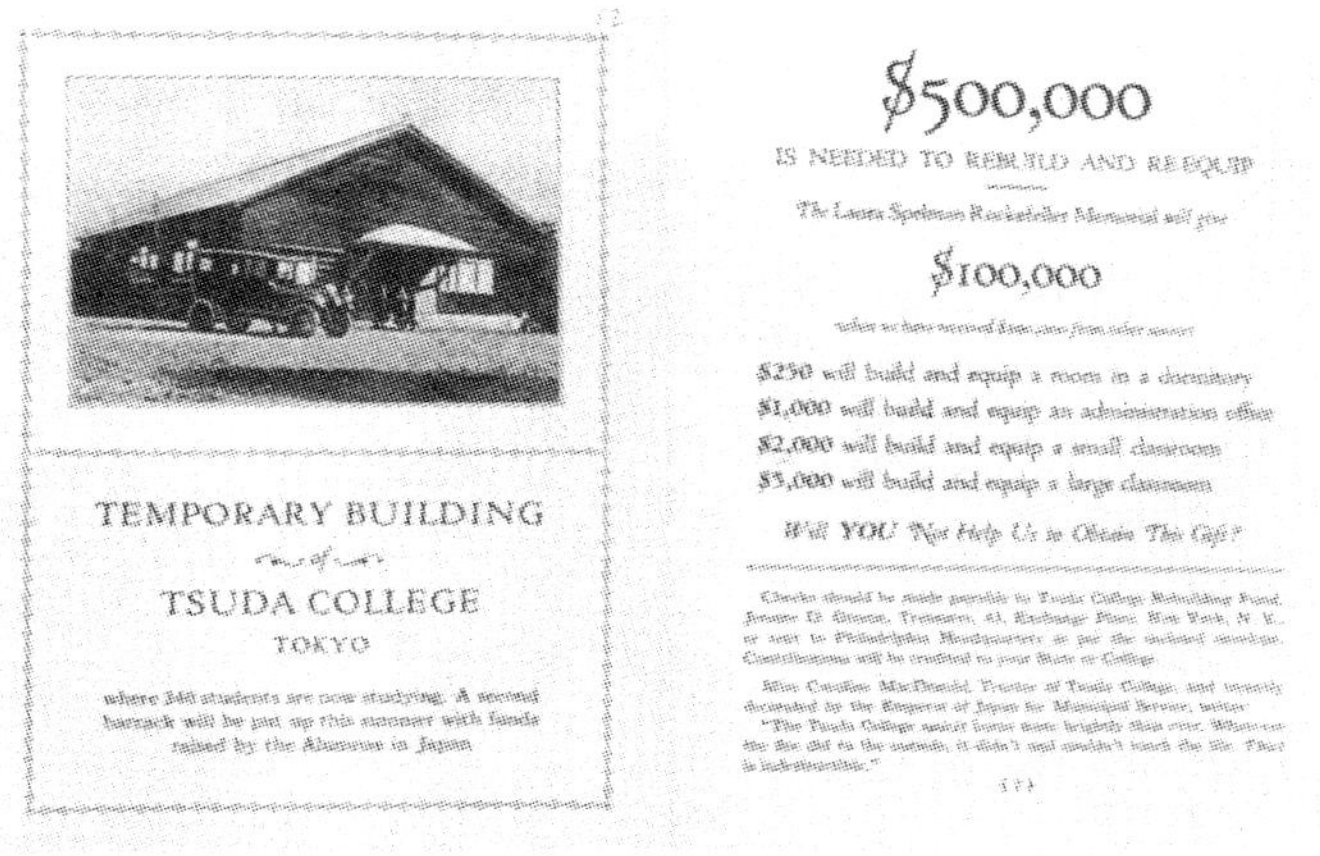

アメリカでの募金のためのパンフレット

うな仕事は誰かが現場にいて常にダイナマイトを投入し続けなければ前へ進みません。皆さんとても、驚くほど親切で、訴えに応えて下さいますが、これは手を緩められない、坂を引っぱり上げていくような仕事です。ですから、最初から分かっていたことですが、生涯の仕事として関わりをもつ私たちのひとりでなければ、力の全てを注ぐこともできませんし、注がないでしょう。だから私が来たのです。五〇万ドル集められるまで、でなければオレンジを最後の一滴まで絞りつくし、もうこれ以上集めるのは無理だと分かるまで私はアメリカにいなければなりません。(一九二四・七・一二)

二年半の募金活動で、ロックフェラー財団の条件も満たし、所期の目的を果たすまでアナはアメリカに留まった。

フィラデルフィアの緊急委員会は一九二六年に解散したが、ヴァンダリップ夫人のようにその後二年運動を続けた者もいる。この人たちの熱意に応えるかのように、塾では一九二八年に二年の専攻課程が設けられ、一八人が入学した。

留守を守った塾の教師、学生たちも震災から二か月足らずで授業を始めた。女子学院が午後の時間、教室を貸してくれたからである。

翌一九二四年一月には五番町に建てられたバラックに戻り、平常通り授業は再開された。寒風を防ぐ窓もない粗末なものであったが、星野あいは、学生が古巣に戻った喜びを『小伝』に書き残している。

開校式式辞で、梅子が教育にとって肝要なものは設備以上に教員、学生の熱意である、と言ったあの精神は困難に遭って証明されたと言える。梅子自身は体の不自由からどうしようもなかったが、自分のヴィジョンがひとつの伝統として根づいたことを知り得た。

あと一〇年か一五年の命が許されてもいいはずだ、と書いた一九一七年の日記で、梅子は自らの使命を考え、こうも書いていた。

　自分のことばかりいつまでも考えていてはいけない。万物の永遠の営みに照らしてみれば、私と私の仕事がいかに小さなものか、小さな種子《たね》は破られ、砕かれなければ新しい植物は生え出てこないことを学ぶべきだ。（六月一三日）

自分の名に特別の因縁を感じていた梅子は、聖書の「一粒の麦地に落ちて死なずば唯ひとつにあらん。もし死なば多く果《み》を結ぶべし。」（ヨハネ伝一二章二四節）になぞらえてこう表現したのである。

最期

復興資金をもって小平の新しいキャンパスの工事が始まろうとしていた。梅子はここを二、三度訪ねている。最後は亡くなる三か月前で、防風林の欅《けやき》が植えられた頃である。しかし校舎を見ることはなかった。

設計図には二棟の寮と五棟の教員宿舎も含まれていた。教員と学生がキャンパスでなるべく多く接触をもって欲しい、という梅子の塾創立以来の希望はここでも持続されるはずであった。

梅子の直筆の最後の書き物は、一九二九年の手帳に記された日記である。大きさは七歳のときに綴った「梅の小さな本」と同じぐらいで、毎日三、四行程度の英語のメモからなる。震える手で食餌療法で摂取した食物の量、医師の来診、友人の来訪を記しているほか、記号で痛みの有無を記している。

中でも目立つのはＡＣＨという頭文字で、アナが毎週のように学校が終わると訪ねてきていたことが分かる。こうして最後まで塾とのつながりを保ち、心から頼める友が塾のために働いていてくれることを知っていた。

一九二九年七月、梅子は鎌倉稲村ヶ崎の別荘に移された。大震災で倒れていた家をその春建て直したところだった。ここで一か月も過ごさないうちに、八月一六日逝去した。

その日の日記には「昨夜嵐」と英語で三語しか記されていない。前日午後から湘南地方に吹いた一〇メートル前後の風は未明にやや強まっていた[4]。風雨の音に眠りを妨げられたものと考えられる。

晩年の梅子

梅子の日記　8月16日のStorm last night. が絶筆となった。

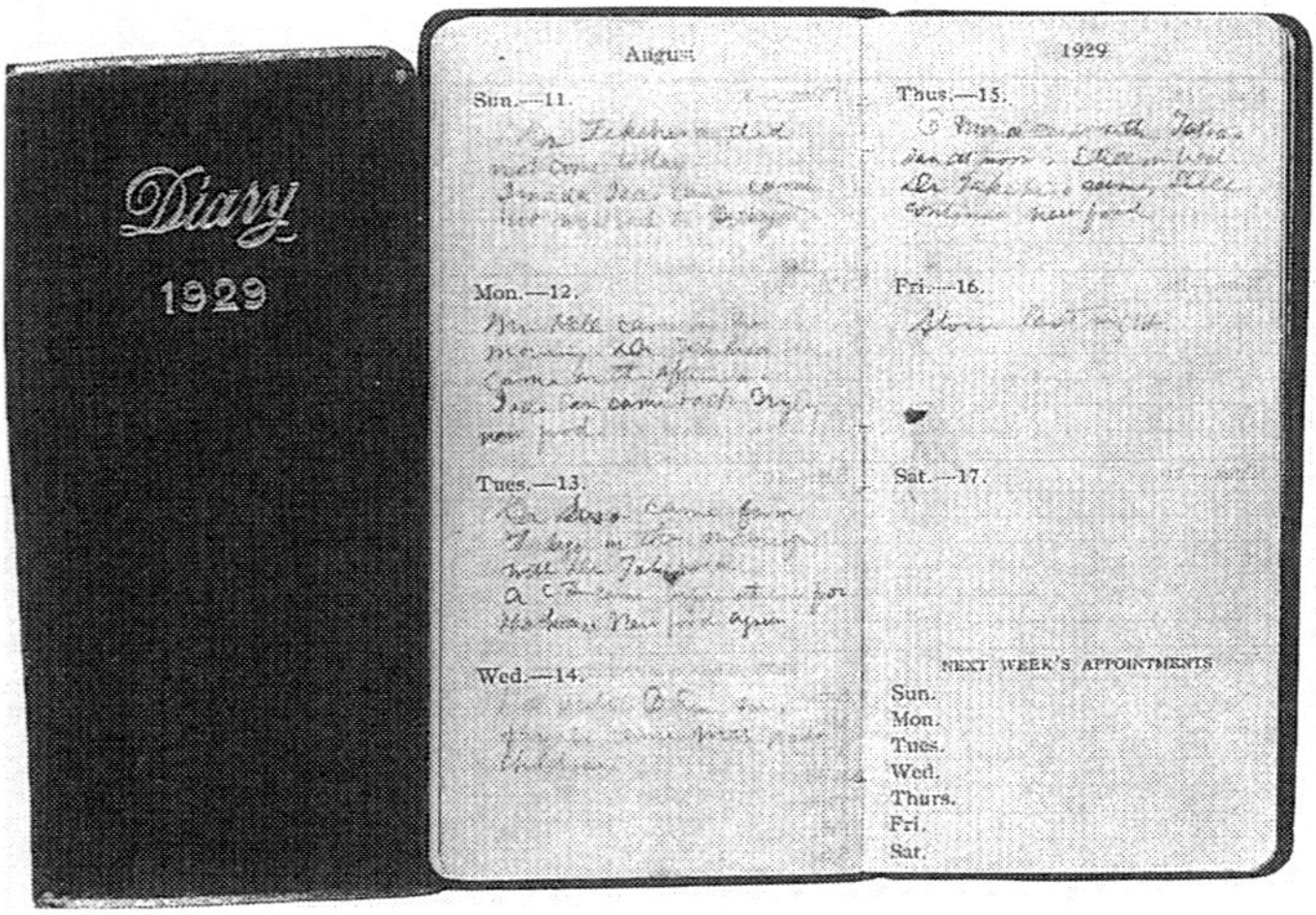

梅子の墓

嵐を聞きながら、梅子の脳裏には過去の嵐も吹いていたかもしれない。アメリカ丸で初めて太平洋を渡ったときの嵐であったか。ワシントンのプラットホームに降り立ったときの雪まじりの嵐であったか。一一年ぶりに帰国したときの、アラビック丸で遭遇した嵐であったか。

しばらく目を覚ましたまま思いに耽っていたとすれば、嵐を自分の一生に喩えたかもしれない。

三歳で明治の時代を迎え、六四年八か月を生きた梅子は、日本の近代化の未明から夜明けを生きたことになる。幾度となくくり返された近代化の試みと反動を政府留学生として、官立学校の教育者として、また独自の学校を創る者として、いやでもその流れに巻き込まれたことを思えば、その一生は「昨夜嵐」と要約するにふさわしい一生であった。

しかし晩年、親友アナ、海を隔てた同志、献身的な後輩、羽ばたく学生たちの働きを見聞きして、梅子は我が目で暁を見てこの世を後にしたと言える。

梅子の没後一年、塾は津田英学塾と改名され、一九三二年に新校舎が完成すると塾は許可を得て梅子の遺骨を青山墓地の津田家墓所から小平に移し、構内東北の角に埋葬した。アナがいうように

「一生を塾の創設と発展のために捧げた」梅子にとって最もふさわしい永眠の地である。この地を選んだのは梅子自身であった。

第一〇章　註

（1）覚え書。
（2）『サンフランシスコ日米新聞』社長安孫子太郎氏のもとに嫁いでいた。
（3）藤田たき『我が道』五三頁。
（4）*The Writings* p.579. 山崎孝子氏註。

結　び

日本人に成る

以上津田梅子の生涯を概観し、その人となり、折々の言動を追ってみたが、その基底にはいくつかの際立った特徴が見られる。

まず梅子は文明開化の時代に理想とされた「和魂洋才」のひとつのモデルのように見受けられる。しかし、そんなスローガンに合わせ、いわばカリキュラムを組んで作り得るような「和魂洋才」型の人間ではなかった。

七歳になったばかりの頃から梅子はアメリカ人として育ち、一八歳になる直前までアメリカ人として生きた。帰国の船中、一か月近くも彼女を観察していた「アラビック丸」のパーサーが梅子を「ヤンキー娘」と呼んだのは単なる冗談ではなかった。教育、宗教、趣味、価値観、ものごし、その全てにおいてアメリカ人といってさしつかえなかった。そんな梅子はもう一度日本人に成ったのであり、それを可能にしたのは辛くも抱き続けた日本人である、という意識と使命感であった。

たとえ日本人の両親が育てたとしても、当時のアメリカで娘のアイデンティティを保たせるのは難しかったであろう。ランマン夫妻は日本語や日本文化に接することを助けてはやれなかったものの、梅子を「知的エリート、サムライ」の娘と見なし、やがては「国の恵み」と成るべきであると梅子に諭し、自らもそういう子供を預かっているという意識で梅子を育てた。

帰国してから華族女学校に職を得るまでの約三年間、約束を破られたという思いをしながら、それでも自分の一部は「公けの所有物」である、という義務感を抱いていたのは単に国費留学生として借りがある、という義理からではなかった。皇后から授かった「お沙汰書」にある「女性の範と成れ」という留学の目的が、解釈こそ違うが、自らの意志でもあったからである。

西洋人も敬う「サムライ」の誇りは西洋的なノブレス・オブリージ（高貴な身分には義務が伴う）という考えと相まって、梅子は多くの人に奉仕する、同胞の女性を助ける、という使命を自らに課したのである。

最も親しくしていた友人、永井繁子と山川捨松が相次いで結婚してしまってからも、自分は愛なき結婚を拒み、アメリカへ戻っては、というランマン夫人の誘いも断って自分の「居るべき所」として日本に留まったのもそのためである。

二度目の留学ではブリンマー大学で生物学への興味を深め、大学からも嘱望されながら、アメリカに留まるようにとの誘いを断ったが、これにはさらに強い意志が必要であったと思われる。すでに四年近く教えていた華族女学校では自分の思うような教育は行えないことを知っていたからである。

と同時に、アリス・ベイコンと日本の女性について語るにつけ、いつかは自分の学校を作らなければ、という気持を強くしたのもこの二度目の留学中であった。女子の高等教育が育っていくアメリカの様子も身をもって体験した。だから梅子は居心地のよい場所ではなく、使命の指し示す場所に戻ってきたのである。

近代国家にふさわしい女性

二度も日本を「選んだ」梅子は終始愛国者であった。国粋主義者などではなく、むしろ稀なコスモポリタンでありながら、国を思い、日本人のために尽くそうとした、という意味において愛国者であった。女性の地位向上のために働いたのも、それが真の近代国家としての日本に不可欠な条件と見なしていたからである。

ブリンマー大学在学中、他の日本人女性のために奨学金を募ることを思い立った梅子が行った講演（一八九一年）で

日本の真の発展は女性の地位の向上がなくてはあり得ません。

と言い、また一八九七年に書いた、「日本女性の将来」(1) でも日本は西洋の文物を吸収し、軍備を整え、商業も栄えつつあるが、日本の命運にかかわることとして女性の問題、女子教育の不備を指摘

している。

確かに一八七一年に梅子を含む五人の女子留学生を募集した北海道開拓使も、女子教育の必要を宣言した明治天皇も、女子留学生を自ら励ました皇后も、女子教育を奨励したかに見える。ただその後の展開をたどると、富国強兵の国家目的に沿った良妻賢母を育てるような方向へ女子教育は傾いていった。それは梅子の考えとは大きな隔たりがあった。

その象徴的な現れは、日本女子大学校設立に際しての政財界をあげての支援である。特に大隈、岩倉など女子留学生の派遣を促した有力政治家たちが理事に名を連ねるのを見て、梅子は彼らが考えていた「女子教育」の限界を知る思いがしたに違いない。

先進国の事情を知っていただけに、梅子は女性の素質をもっと高く評価しており、女性のために大きな志を抱き、目標を高く掲げていた。

梅子が立てた目標は西洋の模倣だけではなく、日本女性の分析にも基づいている。日本女性の忍耐、純粋さ、無私の精神、といった美徳を折あるごとにあげながら、その美徳が「受身的で」、彼女たちが「視野の広さ、情熱、活気に欠けている」(2)と判断し、自主性を養う必要を強調した。

女子英学塾創立に当たり「頭脳と性格の力を備え、自ら考えることができる」女性を育てる、と式辞で述べているが、それは二一世紀に手が届こうとする現在でもなお立派な女性像であり、男女を問わず教育の目指すべき人間像である。

真の近代国家に必要なのはそういう水準の女性であると信じればこそ、梅子は小さな規模でも信念に基づく教育ができる学校を作ることを諦めなかった。

女性の地位の向上

梅子の生物学への愛着を見れば、自然科学を取り入れた学校を作っても当然であったが財政的にはとても不可能で、機も熟してはいなかった。英学を「看板」に掲げた理由は実益的な面に加え、精神を豊かにするという面が考慮にあった。

前者は文部省が英語教員免許試験を女子にも開放したばかりで、女子師範学校に英語科がなかったので、資格を取得したいという学生の要請に応えることができた。資格を得た学生個人の利益に限って見ても、経済的自立への道を拓《ひら》いたという意義があるが、女性に開かれた制度を形だけに終わらせず、女性の社会進出を実際に助けた、という社会的意義もある。

しかし、一九〇七年のブリンマー大学同窓会報に寄せた記事で、梅子はそのような実益以上に英語を通して西洋の思想、物の見方を知り、倫理的にも薫陶される、という精神面を強調している。男性にはすでに開かれていた扉への鍵を女性にも与え、新しい世界へ導こうという願いがこめられていた。

こうして教育の機会において男女の平等を求めた梅子は、女性に対しては「権利を求める前に自らを高めなくてはいけない」と諭《さと》しもした。塾創設を前に書いた「日本女性の将来」でもっと広い教養を身につけることで、女性にもっと立派なことができることを証明した暁には、彼女たちは家庭で夫からより尊敬されるだけでなく、社会においてもより高い地位を与えられるでしょう。（傍点筆者）

と書いた梅子は先に引用した通り、一九一六年の卒業式辞でも

女性の地位を向上させ、女性の領域を広げるあらゆる運動において、問題となる最も重要な点は常に女性自身の価値と能力です。女性に能力があり、健全で、責任感があり、賢明かつ公平な判断ができ、信頼を受けるに足ることを証明して初めて責任、自由、あるいは権利が与えられます。（傍点筆者）

とその考えを明らかにしている。

「日本女性の将来」は女性がこうして向上したとき、法律も女性を男性と同等に扱い、明治の時代がもたらした進歩を男性と共有できる日も遠くはあるまい、と結んでいる。

制度上の不公平はそんなに簡単にとり除かれるものではなかった。その点梅子は楽観的であり過ぎたと言える。しかし女性の自助努力、自己向上の姿勢を一貫して説いたことは、長い目で見れば権利の主張を裏打ちするものとして、最も着実な道であったと言えよう。

自助の精神は個人のみならず、社会、国家のレベルにおいても重要なことと梅子は考えていた。教育においても、キリスト教の布教においても、日本人自らが行動を起こすことを期待していた。

ランマン夫人への手紙で、女性の解放について、外国人がいかに手を差し伸べても彼らは自分のように、同胞として、彼女たちと同感することはできない、という意見を述べているのも、また日本人キリスト者の活動を高く評価したのもその現れである。長い歴史を持つミッション・スクールに期待するのではなく、また宣教団《ミッション》の力に頼ることなく、自ら高等教育の道を女性のために拓こうとしたのもその現れである。

教育とキリスト教

外国で育ったために梅子はかえって失われようとしていた日本人の美徳を大切にした。西洋の知識をいかに吸収しても日本人の精神を忘れてはならない、と学生に諭した梅子は、「洋才」の実利面だけでなく、西洋の知識に伴う精神面を強調したのは先に見た通りである。そして日本女性の質を高めるものとして、教育とキリスト教を二本の柱と考えていた。

これは帰国直後の数通の手紙に散見できるが、ブリンマー時代の奨学金募集の演説(一八九二)にも明言されており、生涯一貫して抱き続けた信念である。

ただしキリスト教が日本人に及ぼす影響のうち、梅子が強調したのは倫理的な面であった。一九一三年モーホンク湖のキリスト教学生大会で行った演説「日本における福音書の紹介」は、具体的にその考えを現したものと言える。

物質的には豊かになった日本が精神的空洞化の時期にあることを指摘し、その空洞を埋めるものとしてキリスト教をあげているが、倫理的側面が特に強調されている。まずキリストの生き方にならい人類愛を体得させること。その上で神との交わりへと導くこと。伝統のないところへキリスト教の教えを導入するのであるから具体的な形をとるほうがより効果的である、とも述べている。また、直接的な伝道よりも慈善団体、病院、学校などの活動を通してキリスト教精神を感得させることを提案している。

日本人の中にある「英雄崇拝」の傾向にも触れ、例えば学校であれば教師の生き方を通してキリスト教の教えを感得させることをあげている。その具体性は梅子の性向を示すものであるが、梅子が教師のあるべき姿に抱いていた厳しさもうかがわせるものである。

元来合理的な性質で、理科系の学科が得意であった梅子の信仰には、倫理面の重視とともに盲信できないという傾向が見られる。その根拠としては次のことがあげられる。

まず帰国間もなく日本におけるキリスト教のリバイバル運動について言及している手紙を見ると、運動の熱気、父や弟が運動に積極的に参加していることをランマン夫人に伝えながらも、その情緒的な熱狂ぶりから一定の距離をおいて眺めていることである。

さらに一八九八年一二月、ヨークで大僧正と会見したあとの日記には

ある人たちが持っている信仰と信頼を私は持たない。不明でおぼろげなことが沢山ある。私

の頭はそれを把握することを拒んでいる。私は理性の証しを求めるがそれは不可能であることを知っている。信仰心によってのみそれを信じることは私には到達し得ないことのようだ。とも記している。

現存する唯一のソネット（一四行詩）「航海」で、梅子は最先端の科学の洗礼を受けていながら、なお神を人生の導き手と謳ったが、それは矛盾ではなく、知を支える精神として、より全き人となるために欠かせないものとして信仰を改めて意識した、と言うべきであろう。

科学と信仰

「理性の証し」を求める科学的精神とキリスト教信仰が両立し得る例を梅子の身近なところに求めるならば、アナの父ヘンリー・ハーツホーンがいる。

フィラデルフィア医科大学、ペンシルヴェニア大学医学部の教授などを務めたヘンリーは同時に熱心なクエーカー教徒で、教壇を降りてから二度来日しているが、二度目は慈善事業に携わるためで、ついに日本に骨を埋めた。

幼いときからランマン夫人やその仲間の慈善事業を見て育った梅子が、日本女性のために奨学金を設立してくれたアメリカの女性たちの献身ぶりを見、さらにアナやその父の生き方を見て、倫理、行動の指針としてキリスト教を最後まで重視したことは自然の成り行きであった。帰国してから目にした道徳の退廃が、その必要性を強く感じさせたことも忘れてはならない。

梅子は宗派に属さない教会で洗礼を受けたものの、ランマン夫妻はプロテスタントの中では最も儀式ばった監督派教会に属し、梅子もその教会に通っていた。(3) しかしランマン家の家風は質実剛健で、その影響の下で育った梅子がさらにその傾向を強めていくのは、明らかにブリンマー大学留学を契機としている。

クエーカー教徒の厳しいまでの簡素なライフ・スタイル、性別・階級の別を問わない平等主義に感化されたのは、ブリンマー大学がクエーカー教徒によって創立されたからである。その影響は一番の親友アナとの付き合いによってさらに強まったと推測される。

華族女学校に就職してから一、二年間、梅子がおしゃれに気を使い、名士と交わり、鹿鳴館で踊ったことがあったとは信じられないほど、二度目の留学後はすっかり落ちつきを見せ、塾設立以後、学生の思い出が語る梅子は禁欲的なまでに奢美をさけた生活を送った。

「キリスト教精神に基づく」教育を行うとしかうたっていない女子英学塾の質実剛健の気風はこうしてかもし出されたものであろう。

日本の紹介

和洋の融合を自分の中に持っていた梅子は西洋の文化を紹介するだけではなく、常に外国に向けて日本を紹介するよう努めた。帰国して間もなく、西洋人の誤解を解くべく日本について書きたいという希望をランマン夫妻に伝えているが、東西の懸け橋となる必要を感じたのはこの頃からである。

アリス・ベイコンの『日本の少女と女性たち』の序文からも分かるように、当時日本を紹介する書物は主にアメリカ人によって書かれ、女性としてはアリスがその草分けといえるが、梅子は数少ない日本人の中でも女性の視点からこの分野に着手した、という点で注目に値する。

例えば日清戦争の勝利に日本が酔い、外国からも驚異の目を向けられていたとき、梅子は「日本女性と戦争」と題する記事を二度新聞に寄せている。西欧の人々をも驚かせた勝利の陰には、日本女性の勇気があったことを指摘しているが、その称賛に終わってはいない。家父長制度の日本で夫や息子、兄弟を失うことが、女性にとっていかに大きな痛手であるか、しかもその痛みに耐える女性たちの中に潜在する力を見出しているのは興味深い。

二つ目の記事はキリスト教関係の新聞(4)に掲載されたこともあり、女性の潜在力を敷衍してキリスト教と結びつけて論じている。日本人に信仰心がない、という西洋人の考えに反駁し、従来は愛国心が信仰にとって代わっていたこと、キリスト教が正しく教えられるならば、それを受け入れる素地があることを付け加えている。

『シカゴ・レコード』紙に連載された日本女性についての一連の記事などで、梅子は再三、古代の日本においては女性はもっと自由で活躍の場があったこと、女帝もいれば詩人もいたことをあげ、女性を束縛し、不自由にしたのは儒教と仏教である、と断じている。

維新とともに旧い桎《かせ》が解かれたことは女性にとって喜ばしいことではあるが、そのあとに空洞を残してしまった。その空洞を埋めるべきものとしてキリスト教の倫理、また女性の潜在能力を伸ばすものとして教育を掲げたのである。

無知な外国人は日本女性に対し、芸者、蝶々夫人のイメージを抱き、日本を訪れたことのある外国人でさえ日本女性の特質として優しい物ごし、可愛さを認める程度であったが、梅子は外国人も認めるその魅力を性格の力、西洋女性の持つ教養などに結びつけることができたら、女性は家庭に限らず、社会においても「正しいこと、良きこと」をもっと行う者となり得ると信じていた。そうなった暁には、日本の女性は世界の女性の模範となるでしょう、とさえ言っている(5)

楽観的であるかも知れないが、梅子が日本の女性に託した夢の大きさを示すものである。また、女性としてのこうした視点と希望こそ、アメリカの友人たちの心を動かし、梅子の夢に「投資」させたのだと言えよう。

歴史感覚

「楽観」と言った梅子の態度は決して空想的なものではなかった。二度の留学のあと三度外遊して、洋の東西を知っていたという立場から、梅子は稀に見る歴史的パースペクティヴで物事を見ることができた。だからこそ抱き得た希望的ヴィジョンがあった。

一八歳になる直前に帰国した梅子は、あたかもタイムトンネルを逆行して戻ってきた旅人のようであった。「文明開化」が叫ばれて久しいものの、五十年も百年も遅れた世界にタイムスリップしたのである。個人的には二つの文化の間《はざま》で楽しかるべき青春時代を失ったうえに、日本社会の後進性にもどかしさ、絶望を感じても不思議ではなかった。しかし、これを裏返せば、梅子は五十年先、百年先に実現し得る世界を経験した旅人でもあった。

梅子の関心事である女子の高等教育を例に取ってみれば、英、米でも一八六〇年代に始まったばかりである。男子の大学の場合のように、数世紀も遅れを取ったわけではない。英・米の女子大学誕生の足跡を見れば、困難もあるが実現への実例もまた間近にあった。近代国家を建設するというなら、これは比較的追いつき易い分野であった。日本女性の置かれた恵まれない状況を嘆くだけではなく、その素質を信じていた梅子は三十年位のずれに落胆せず、むしろ日本でも同じ事を実現すべく、その仕事を自分に課したのである。

梅子の歴史感覚はもうひとつの意味においても注目に値する。国内の政財界の有力者が援助を与えるのは、男性の価値観に基づいた「良妻賢母」型の教育を授ける学校でしかない、と悟ったとき、梅子は先を行くアメリカの女性たちに援助を求めた。

塾の設立だけでなく、その後半世紀近くもアメリカの女性たちが支援し続けたのは、ひとつには欧米の中・上流階級の女性の間に根づいていた慈善活動の伝統があったからであるが、それに加え、同じ道を行く者が自分たちの経験に照らし抱いた同情と理解があったからでもある。そのことは梅子に幸いした。

一方、援助を受ける梅子の側には、東洋人にありがちな「物を乞う」といった卑下した態度がなかったのはなぜか。デンヴァー会議で世界各国の婦人団体の代表に向けて行ったスピーチの結びで、やがて日本の女性もリーダーとなって世界の後進の国々の女性のために働くことができよう、と梅子は信念を述べた。

歴史的にその歩みをとらえるなら、国や民族により時間的にはずれているが、女性の地位向上は共通の目的であり、国境を越えて協力すべきものと認識していたからであろう。

梅子が塾を巣立っていく学生たちに再三「与えられた者はより多くを与えなければいけない。」と諭し、エリートの責任をくり返し説いたのも、教育はそれを受けた個人のものではなく、共有すべきものであり、彼女たちはその共有財産の担い手である、と見なしていたからである。この連帯感を持っていたからこそ、梅子は海を隔てて多くの支援者を勝ち得たのだと言える。

梅子の歴史感覚は自分の存在の位置づけにも見ることができる。六歳で留学生としてアメリカに派遣されたのは偶然に過ぎなかった。しかし一一年後、人生の岐路に立ったとき、日本の歴史の流れの中にいる自分に何が求められているかを自覚し、あえて険しい道を選んだのはその歴史感覚に基づいている。

二人の親友と同じ道をたどっていれば、一八七一年の政府の試みは、三人のシンデレラを生んで終わっていたかも知れない。梅子は頑ななまでに一本の道を貫いた。一番小さかった種子《たね》は育ち、一個の人間として立てる女性、という新しい種《しゅ》を広めていった。

五人の少女たちの「船出」を振り返って、梅子は一八七一年を「女性の解放が始まった年」(6)と位置づけているが、それは梅子自身がその後弛まぬ努力を重ねて築いていった世界があって初めて成り立つ定義である。

梅子をあえてひと言で評するならば、歴史の偶然を必然に変え、自らの運命を日本女性の歩みに結びつけた女性と言えよう。

結び　註

（1）"The Future of Japanese Women." 一四八頁　註（4）参照。
（2）一九一三年、モーホンクにおける演説。
（3）この教会の司祭であったリンズリー師には、帰国直後の手紙で指導を仰いでいる。
（4）*Women's Department.*
（5）"The Future of Japanese Women."
（6）"Japanese Women Emancipated" (*The Chicago Record*, February 27,1897) という記事の副題は "The Leavetaking from Which Dates the Larger Liberty of the Sex" となっている。

あとがき

「人と思想」シリーズで津田梅子を取り上げたいと執筆の依頼があったのは一九九〇年の春だったと思う。ちょうど梅子の英文伝記を執筆中で、初稿をほぼ終えたころである。当時梅子の厖大な数の手紙を選・編する仕事にもかかっていたので、その仕事が済んでから、という約束でお引き受けした。

伝記と書簡集は一九九一年末、ニューヨークのウェザヒル社から刊行された。

日本の近代史、女性史が外国で興味を惹く中で、梅子は英文で出版される日本の教育史、女性史に度々登場していたが、未だ伝記はなかったので、塾創立九十周年記念の「小さな献《ささ》げ物」として筆を執った。

また書簡集は梅子が「育ての母」、ランマン夫人に、三〇年以上にわたって書いた手紙を整理・編集したもので、貴重な史料という判断から大学の記念事業として同僚六名とかかった仕事である。

英文の伝記と違い、和文ではすでに吉川利一、山崎孝子両氏がそれぞれ一九三〇年と一九六二年に伝記を発表しており、伝記とはいえないが、大庭みな子氏の『津田梅子』も一九九〇年に世に出た。そんな状況の中で敢えて執筆を決めた理由を少し説明する必要があろう。

まず、従来用いられなかった資料との出会いがあげられる。先に触れた梅子の手紙は、最初のものから約百年、最後のものから七〇年以上も日の目を見ずにいたのが、一九八四年春、奇蹟的に大学本館の屋根裏で発見された。直筆の一通一通を読み、受けた衝撃や感動は編集に携わった者に与えられた特別の体験であったが、それを余人にも伝えることを促す力を持っていた。

梅子が帰国してから三〇年以上にわたる生《なま》の声を二つの伝記に含むことができなかったのは歴史のいたずらで、著者には残念なことであったに違いない。大庭氏の『津田梅子』は、逆に、手紙の発見に触発されたものであるが、用いている手紙は最初の一、二年のものである。

また、手紙が発見される一年位前から梅子の文書の改訂版を編集する仕事をしていたが、資料室に足繁く通ううちに、未使用の英文資料が数多く眠っていることに気づいた。「屋根裏の手紙」とこれらの資料は最初の英文伝記を書く上で大いに役立ったが、同時に既存の伝記に加筆するだけの内容を持つのではないかと感じさせた。

いまひとつの理由は、このシリーズが「人と思想」をテーマに掲げており、編年記的な伝記とは異なる視点を持っていることである。たとえば梅子に直接取材して書かれた吉川氏の伝記は、結びに梅子の人柄を取り上げ、そのピューリタン的な側面、教師としての厳しさをよく浮かび上がらせているが、思想の形成と後世に与えたインパクトについてはあまり触れていない。

歴史的パースペクティヴや女性史という視座は、六〇年の年月が私たちに与えたものであって、最初の伝記に欠けていたのはもちろん著者の落ち度ではない。しかし、新しい資料と新たな視界は既存のものを見直すことを私たちに求めるのは当然であろう。拙著もまたいずれ書き改められることを覚悟しつつ、ひとつの資料を提供するという意味で書いた。

梅子は口述で二、三日本語の記事を発表しているが、著述、文通は英文で行った。本書に引用したものはすべて拙訳である。語を忠実に逐って、というよりは読みやすさを心掛けた。推敲が不充分であったという反省に加え、読者の皆さんに原文の機微を味わい、梅子の声を直《じか》に聞いて頂きたいとの願いから *The Writings of Umeko Tsuda*（改訂版、津田塾大学、一九八四年刊）、*The Attic Letters : Ume Tsuda's Correspondence to Her American Mother*（New York : Weatherhill, 1991）をお勧めする。

紙数の制限から、本書の内容は拙著 *The White Plum : A Biography of Ume Tsuda*（New York : Weatherhill, 1991）の半分に抑えられた。併せて読んで頂ければ幸いである。読みやすさ、という観点から書名等の英題は註に譲り、人名、団体名の英語は索引に付した。

今年は梅子がブリンマー大学から帰国してちょうど百年になる。初校が出る七月末から約一か月、研修を受ける学生二〇名を連れてケンブリッジ大学に出かけた。七歳になったばかりの梅子がアメリカの土を踏んだ一二〇年前、いや、私が初めてアメリカに留学した三〇年前に比べても今の学生たちはなんと恵まれていることか、と痛感した。同時にこれだけ「国際化」した時代に、学生たちが外国に身を置いて受ける感動について考えずにはいられなかった。同質ではないにしろ、彼女たちの感動がより小さいとは断言できないからである。

学生たちの旺盛な好奇心、自由行動で見せた独立心、行動力には頼もしいものを感じたが、私の興味はそういった力を今後自己成就だけでなく、他の人のために活かせるかどうかにある。

梅子の時代に比べ、大きな志を抱くことが難しい世の中になったように思える。しかし梅子が感じていた不合理、不平等、島国性はどれほど変わっただろうか。確かにある程度でき上がったものを改善、完成させていく仕事は地味で難しい仕事である。そう思いつつも、梅子の精神を若い世代も引き継いでくれることを願わずにはいられない。気がついてみたら、そういう若い人たちに語るように筆を進めていたのである。

初校が出たのが滞英中で迷惑をおかけしたが、終始快く助けて下さった編集部の堀江章之助氏、執筆者として推薦して下さった江尻美穂子先生、進捗を気にかけて下さった清水書院の清水幸雄氏にお礼を申し上げる。

一九九二年晩夏

津田梅子年譜

西暦	年号	年齢	年譜	参考事項
一八六四	元治元年		一二月三日（陽暦一二月三一日）江戸牛込南町に生まれる。むめ（うめ）と命名。父仙（一八三七生）、母初子（一八四三生）、姉琴子満二歳。	六月、新島襄、国禁を犯してベルリン号で国外脱出。 九月、英、米、仏、蘭の連合艦隊、下関を攻撃。
一八六五	慶応元年	1	三月、琴子母方の伯父源八の養女となる。	アメリカで南北戦争終結。 ヴァッサー・カレッジ創立。
一八六六	二	2	八月、弟八朔（後に元親）生まれる。	八月、幕府、英国に森有礼ら十数名の留学生を送る。 一二月、孝明天皇没。
一八六七	三	3	一月、仙、小野友五郎の随員として渡米。 六月、仙、帰国。 十一月、仙、新潟奉行の英語教授、通弁に任命される。	六月、長崎奉行、キリシタン六八人を逮捕。 九月、王政復古宣言。 一〇月、徳川慶喜、大政奉還。 この年マルクスの『資本論』第一巻刊行。

一八六八	明治元年	4	この夏、仙、梅子に読み書きを始めさせる。	三月、五箇条の御誓文発布。明治政府、キリシタン邪宗門禁制の高札を掲げさせる。 七月、江戸を東京と改称。 八月、会津若松城、官軍に包囲される（九月会津藩降伏）。 この夏、築地に外国人用ホテルを建築。 九月、年号明治に改まる。
一八六九	明治二	5	二月、弟、次郎誕生。仙、築地のホテル館に勤務、間もなく理事に就任、一家向島に引越す。	三月、東京遷都。 七月、蝦夷を北海道と改め、開拓使を設立。 一二月、京浜間に電信開通。
一八七〇	三	6		五月、黒田清隆、開拓使次官に。 九月、メアリー・キダー、横浜にフェリス女学校開校。 一〇月、森有礼、少弁務官として渡米。
一八七一	四	7	一月、仙、ホテル館を辞職、開拓使嘱託として向島の農園でアスパラガス、りんご、いちご等を栽培。	七月、廃藩置県。文部省設立。 八月、散髪・脱刀令。 一〇月、天皇、華族を招き、勧学の

一八七二	明治五	8	九月、仙、開拓使顧問として来日したキャプロン将軍の歓迎会に出席。 一〇月、弟金吾、銀吾誕生（銀吾は間もなく死亡）。 一一月一二日（陽暦一二月二三日）、開拓使派遣の五人の少女、岩倉使節団と共にアメリカ丸で横浜を出発。 一二月、梅子、船中で七歳の誕生日を迎える。 **（以下陽暦）** 一月五日、アメリカ丸、サンフランシスコ到着。 一月三一日、サンフランシスコ発。 二月二九日、ワシントン到着、梅子と亮子、日本弁務公使館書記チャールズ・ランマン方に仮宿。 五月、コネティカット街の借家に五少女が集められ、家庭教師をつけられる。 一〇月、吉益亮子、上田貞子帰国。山川捨松、永井繁子は各々レナード・ベイコンとジョン・アボット方に預けられる。梅子、再びランマン方へ。 同月、スティーブンスン・セミナリー（小学校）に入学。	勅諭。 一二月、神田一橋に文部省令による初めての女学校設立。 四月、開拓使仮学校（後の札幌農学校）増上寺に開校。 八月、学制発布。大政官、学問奨励の布告。 九月、新橋・横浜間、鉄道開通。 一一月、太陰暦廃止、明治五年一二月三日を明治六年一月一日とする。 この年、ヘンリー・ハーツホーンの医学書の和訳『内科摘要』出版。

一八七三	六	9	一月、仙、佐野常民の随員としてウィーン万国博覧会に出席、七月まで滞在、オランダの園芸家ダニエル・ホーイブレンクの指導を受ける。 春、梅子、キリスト教の洗礼を願い出る。 六月、弟金吾没。 七月、ペンシルヴェニア州ブリッジポートのオールド・スウィーズ教会で梅子受洗。後、マサチューセッツ州インディアンヒルのプーア家を訪ね、ロングフェローに会う。 八月、米国メソディスト教会、日本宣教会部会を設立。	二月、太政官布告によりキリシタン禁制の高札撤去。 六月、デイヴィッド・マーレー、文部省の学監として来日。 七月、森有礼帰国。 九月、岩倉使節団帰国。 一〇月、明六社設立、『名六雑誌』発刊。 一二月、マーレー、教育に関する意見書提出。徴兵令公布。
一八七四	明治七	10	八月、妹ふき子誕生。 この年から仙及び初子、教会に通う。 五月、仙、ホーイブレンクの指導に基づき『農業三事』出版。 六月、梅子、学芸会でブライアントの詩を暗誦、地元新聞に報道される。 一一月、麻布新堀町にメソディスト派の小学校（海岸女学校の前身）開校、仙、創立にかかわる。	八月、黒田清隆、開拓使長官に就任。 九月、森の後任として吉田清成、公使として渡米。 この年銀座にガス灯。

一八七五	八	11	一二月、仙、明六社加入。 一月、仙及び初子、ジュリアス・ソウパー師により洗礼を受け、東京で最初のメソディスト派信者となる。 「津田縄」考案 五月、仙、中村正直、岸田吟香らと楽善会（東京盲唖学校の前身）を組織。仙、お堀端にウィーンから持ち帰ったアカシアを植樹。 一一月、梅子の弟元親、次郎、妹ふき子受洗。	一月、跡見花蹊、跡見女学校を設立。 二月、華族勉学所（後に華族学校と改称）設立。 八月、女子師範学校生徒募集。 一一月、同志社英学校創立。 一一月、国民皆兵制。
一八七六	明治九	12	一月、仙、麻布本村町に農学社農学校を設立。『農業雑誌』発刊。 四月、姉琴子、受洗。 五月、弟純誕生。 夏、梅子、捨松、繁子らとともにアメリカ独立百年記念の博覧会へ。	三月、帯刀禁止令。 七月、ウィリアム・クラーク、札幌農学校初代臨時校長として来日。
一八七七	一〇	13	九月、仙、「津田縄」の使用法を天皇の前で実演。	二月、西南戦争。 一〇月、華族学校開校式、天皇より「学習院」の命名。
一八七八	一一	14	四月、仙、耕教学舎（青山学院の前身）の創立にかかわる。	一月、駒場に官立農学校設立。 七月、第一回全国キリスト教徒親睦

			六月、梅子、スティーヴンスン・セミナリー卒業。 九月、仙、キリスト教葬儀公認請願の起草委員となる。 梅子、ワシントンのアーチャー・インスティテュートに入学。 山川捨松、永井繁子はヴァッサー・カレッジに入学。	大会。
一八七九	明治一二	15		六月、東京招魂社を靖国神社と改称。 九月、学制廃止。教育令制定。
一八八〇	一三	16	春、アメリカ元大統領ユリシーズ・グラント将軍来日、仙が記念植樹の手配をする。 一二月、妹よな子誕生。	一一月、天長節に初めて「君が代」演奏。
一八八一	一四	17	春、開拓使より帰国準備の知らせ。梅子、捨松一年の延期申請。 秋、姉琴子、上野栄三郎と結婚。 九月、仙「士族」を捨て、「平民」籍に編入。 一二月、妹きよ子誕生。	七月、自由党結成。 一〇月、永井繁子帰国。 この年下田歌子、麹町一番町に、桃夭女塾設立。
一八八二	一五	18	六月、梅子、アーチャー・インスティテュート卒業。 一〇月三一日、梅子、ヴァッサー・カレッジを卒業し	二月、開拓使廃止。 六月、新橋・日本橋間鉄道馬車開通。

			た捨松と「アラビック丸」でサンフランシスコ発、帰国の途へ。 一一月二一日、横浜に到着。 一二月、永井繁子、瓜生外吉と結婚。	
一八八三	明治一六	19	梅子、春から一学期海岸女学校で教える。 一一月、天長節を祝う夜会で伊藤博文と再会。山川捨松、陸軍卿大山巌と結婚。 一二月、伊藤官邸に家庭教師兼通訳として移り住む。 仙、農学校を閉鎖。	八月、伊藤博文ら一年余りに渡る憲法制度研究を終え、ヨーロッパより帰国。 一一月、鹿鳴館開館式。
一八八四	一七	20	二月、梅子、桃夭女塾で教え始める。下田歌子に英語を教え、国語、習字を習う交換教授も。 六月、梅子、家庭の事情で伊藤家を出て自宅に戻る。 一二月、妹とみ子誕生。	六月、鹿鳴館の西洋舞踏会。 一〇月、自由党解散。 一二月、秩父事件。
一八八五	一八	21	九月、梅子、華族女学校に教授補として就任、下田歌子は学監に。	七月、巌本善治『女学雑誌』創刊。 九月、明治女学校創立。ブリンマー・カレッジ創立。 一〇月、華族女学校授業開始。 一一月、華族女学校開校式。 一二月、矢島揖子ら婦人矯風会を創立。内閣制度制定。伊藤博文総理

				大臣、森有礼文部大臣。 この年女子の束髪流行。女子師範学校、東京師範学校と合併、その女子部となる。
一八八六	明治一九	22	七月、従姉の渡辺政子と赤坂丹後町に家を借りる。 一一月、華族女学校教授に昇格。	三月、「帝国大学令」公布。 四月、「小学校令」、「中学校令」、「師範学校令」公布。
一八八七	二〇	23	夏、仙、高田教会で禁酒について講演。 一一月、仙、婦人矯風会の要請で「酒の害」について講演。	四月、伊藤博文、仮装舞踏会を主催。 一〇月、クエーカー派の普連土女学校、仙所有の麻布本村町の家を仮校舎として開校。 一〇月、楽善会、「東京盲唖学院」と改称。
一八八八	二一	24	六月、華族女学校教員としてアリス・ベイコン来日。梅子、渡辺政子らと麹町紀尾井町に借家。 妹、きよ子没。	六月、華族女学校で洋服着用の規定。
一八八九	二二	25	二月一一日、憲法発布。仙、信教の自由をうたった第二八条を各教会で朗読、岩崎家に「祝賀の酒」を中止させる。 七月、梅子、在任のまま二年の研究休暇を得て、渡	二月一一日憲法発布の日の朝、森有礼、国粋主義者に暗殺される。 七月、華族女学校、永田町に完成し

			米。 九月、ブリンマー・カレッジ入学、生物学を修める。終生の友アナ・ハーツホーンと出会う。アリス・ベイコン帰米。	た新校舎に移転。 一〇月、東海道本線全線開通。
一八九〇	明治二三	26	二月、仙、禁酒雑誌「日の丸」第一号発刊。 梅子、アリス・ベイコン宅に滞在、アリスの *Japanese Girls and Women* 執筆を助ける。 夏、ブリンマーの教授たちと海浜でフィールドワークに加わる。	一〇月、教育に関する勅語（教育勅語）発布。 一一月、第一回帝国議会召集。 この年、東京高等師範学校女子部が独立、女子高等師範学校となる。
一八九一	二四	27	一月、半年の間、ニューヨーク州オズウィーゴー師範学校に教授法を学びに行く。現存唯一の一四行詩を作る。 二月、アリス・ベイコンの *Japanese Girls and Women* 出版。 八月、梅子、「日本女性のためのアメリカ女性の奨学金」委員会設立募金のため講演。 九月、華族女学校からの休暇を一年延期され、ブリンマー大学復学、トーマス・モーガン教授とかえるの卵の生育について共同研究。	二月、内村鑑三、不敬事件。 五月、大山巌、陸軍大将に。 一二月、改進党代議士田中正造、足尾銅山鉱毒問題で議会に質問書を提出。
一八九二	二五	28	六月、ブリンマー大学での選科終了。	

一八九三	明治二六	29	八月、「日本女性のためのアメリカ女性の奨学金」募金目標八千ドルをほぼ達成、梅子帰国。 九月、華族女学校に復職。渡辺政子と麹町二番町に転居、鈴木歌子ら学生二、三名を同居させる。	一〇月、ヘンリー・ハーツホーン、娘のアナを伴い来日。アナ、普連土女学校高等科で英文学を教える。 梅子と再会。
一八九四	二七	30	八月、妹ふき子没。 この年、トーマス博士との共同研究が *Quarterly Jaurnal of Microscopical Science* に発表される。	八月、日本、清国に宣戦布告。
一八九五	二八	31	三月、チャールズ・ランマン没（七八歳） 五月、六月「日本女性と戦争」と題する英文記事を新聞に寄稿。	四月、日清講和条約調印。 秋、ヘンリー・ハーツホーン、アナ、二度目の来日。ヘンリーは慈善事業に携わる。
一八九六	二九	32	夏から約半年間、安井てつ、梅子方に寄宿、渡英の準備。	
一八九七	三〇	33	一月、梅子 The Far East 誌に "The Future of Japanese Women" を発表。	一月、安井てつ、英国へ出発。 二月、ヘンリー・ハーツホーン没（七四歳）、青山墓地に葬られる。

一八九八	明治三一	34	二月、父を亡くしたばかりのアナをつれて葉山に旅行、学校創設の夢を語る。 五月、女子高等師範学校教授兼任となる。 六月、渡辺筆子とともにコロラド州デンバーで開かれる万国婦人クラブ大会に日本代表として参加のため渡米、同大会で講演。 八月、ヘレン・ケラーと会見。 一一月、英国著名婦人の連名で招待を受け、英国に向かう。ケンブリッジ大学、チェルテナム・カレッジなどに滞在、視察。安井てつと度々会う。 一二月、ヨーク大僧正の客としてヨーク滞在。	三月、成瀬仁蔵、帝国ホテルで女子大学校設立の計画発表。 五月、足尾銅山鉱毒事件。 一月、大山巌、元帥となる。 一一月、『国民新聞』に捨松をモデルにした『不如帰』の連載始まる。
一八九九	三二	35	一月、パリの友人を訪ねる。 一月末、オックスフォード大学へ。セント・ヒルダズ・カレッジに一学期滞在し、文学、倫理学・歴史などを聴講。 三月、フローレンス・ナイティンゲールを訪ねる。 四月末、英国を発ちアメリカへ向かう。アナ、アリスなどに会う。	二月、高等女学校令公布。 五月、義和団事件。 八月、私立学校令公布。宗教教育を抑える文部省訓令第一二号発布。

一九〇〇	明治三三	36	七月、アメリカを発ち帰国。 九月、皇后に視察旅行の報告。 一二月、高等官五等、年俸八百円となる。 一月、従六位に叙せられる。 四月、梅子の私塾設立を助けるため、アリス・ベイコン、養女渡辺光子を伴って来日。 七月、華族女学校、女子高等師範学校を辞任。女子英学塾の創立を申請。私立学校令に基づき認可。英語テキスト *Selected Stories in English for Japanese Students*（『英学新報』社）出版。一九一二年までにこの種の教科書を一一点刊行。 九月一四日、麹町区一番町の借家を校舎に一〇名の生徒で開校式、他に英語教員免許受験生数名。 九月一七日、授業開始。	六月、日本、義和団事件に派兵。 七月、安井てつ帰国。 一〇月三〇日、東京女子医学校創立。
一九〇一	三四	37	一月、塾生発起の第一回文学会開催。 弟元親没。 四月、麹町区元園町の旧醍醐侯爵邸を購入、移転。 一一月、『英学新報』創刊。	四月、日本女子大学校創立。 九月、安井てつ、女子英学塾講師に。
一九〇二	三五	38	四月、アリス・ベイコン帰米。「日本女性のためのアメリカ女性の奨学金」留学生鈴木歌子を同伴。	一月、日英同盟締結。

			五月、アナ・ハーツホーン、塾で教えるため来日。 七月、麹町区五番町静修女学校の跡地に、建物購入、修理にかかる。 一一月、分家を設け、「むめ」を「梅子」と改名。	
一九〇三	明治三六	39	二月、五番町の新校舎に移転。 四月、第一回卒業式。 六月、『英学新報』を『英文新誌』と改め創刊、事務所を塾内に。 七月、校舎隣地の購入。 一二月、専門学校認可の申請。	三月、専門学校令発布。
一九〇四	三七	40	三月、専門学校として認可される。 五月、英語科教員無試験検定の申請。 九月、社団法人設立。	一月、安井てつ、シャム（タイ）に赴任のため塾を辞任。 二月、対露宣戦布告。 六月、大山巌、満州軍総司令官になる。
一九〇五	三八	41	六月、女子英学塾同窓会発会式。同窓会会報 *The Alumnae Report* 第一号発刊。 九月、英語科教員無試験検定扱いを受ける。 一〇月、梅子、日本ＹＷＣＡ初代会長に選出される。	一月、旅順陥落。 三月、奉天開城。 五月、日本海海戦に勝利。 九月、ポーツマス講和条約調印。 一〇月、日本ＹＷＣＡ発会式。

一九〇六	明治三九	42	三月、『国文英訳・花がたみ』(*Leaves from Japanese Literature*) 出版（英文新誌社）。 秋頃より喘息の発病。	
一九〇七	四〇	43	一月、病気保養と視察のため、一年間の休暇を取る。妹よな子を伴いハワイに向かう。 二月、サンフランシスコ着。サンディエゴ、ニューオールリンズ、フィラデルフィアなどめぐり三月、ワシントン着。 夏をアリス・ベイコン主催のキャンプで過ごす。 九月、ワシントン、ホワイトハウスに招かれローズヴェルト大統領とその家族と会見。 一〇月、ニューヨークを出発、一一月、イタリア着、約一か月半滞在。 一二月、ナポリを発ち帰国の途につく。	
一九〇八	四一	44	一月、横浜帰着。 四月、父仙没（七一歳）。	奈良女子高等師範学校創立。
一九〇九	四二	45	八月、母初子没（六七歳）。	一〇月、伊藤博文、ハルビンで暗殺される。
一九一〇	四三	46	五月、講堂ヘンリー・ウッズ・ホール落成式。	六月、大逆事件。 八月、韓国併合条約成立。

一九一一	明治四四	47	三月、第九回卒業式を兼ね、塾創立十周年記念式典。	九月、『青鞜』創刊。
一九一二	四五（大正元）	48	五月、姉上野琴子没。	七月、明治天皇没、大正と改元。
一九一三	大正二	49	五月、世界キリスト教学生大会出席のため、ニューヨーク州モーホンク湖に。 一一月、帰国。	この年アメリカのキリスト教伝道局、日本に女子大学の設立を計画。
一九一四	三	50	二月、ランマン夫人没（九一歳）。	八月、日本、対独宣戦布告、第一次世界大戦参戦。
一九一五	四	51	一一月、勲六等に叙せられ宝冠章を受ける。	九月、米価暴落。
一九一六	五	52	梅子、捨松、繁子の三人、（上田）貞子と再会。 一〇月、*Girls' Taisho Readers* 五巻（開成館、熊本謙次郎と共著）出版。	一二月、大山巌没、国葬に付される。
一九一七	六	53	五月、糖尿病発病、聖路加病院入院、七月退院。 一〇月、二度目の入院、一一月、退院。	一一月、ロシア革命。 この年農学社、経済難から閉鎖。
一九一八	七	54	五月一日、アリス・ベイコン没。 一二月、三度目の入院。	四月、東京女子大学創立。新渡戸稲造校長、安井てつ学監に就任。 八月、米騒動。 シベリア出兵。

一九一九	大正八	55	一月、塾長辞任の意思を伝える手紙を社員会に。 二月、辻マツ、塾長代理に就任。 二月一八日、大山捨松没。 二月、梅子、脳出血。 八月、二度目の脳出血、絶対安静を命じられる。 九月、四度目の入院。 一〇月、北品川御殿山に親戚一同が建てた新居に移る。 一一月、五度目の入院、聖路加で半年あまりを過ごす。	一一月、第一次世界大戦終結。 一二月、大学令により公立・私立の大学を認める。
一九二〇	九	56	四月、アナ・ハーツホーン、女子教育に尽くした功により藍綬褒章を受ける。	一月、国際連盟発足。 二月、慶応義塾大学、早稲田大学、大学令により設立を認可される。
一九二一	一〇	57	一〇月、*Girls' New Taisho Readers* 五巻（開成館、熊本謙次郎と共著）出版。	
一九二二	大正一一	58	一二月、女子英学塾、多摩郡小平村（現小平市）に校地二万五千坪購入。	

一九二三	一二	59	九月、関東大震災により五番町校舎全焼。 九月末、アナ・ハーツホーン、塾の復興資金募集のため渡米。	一一月、国民精神作興に関する詔書。
一九二五	一四	61	三月、辻マツ、塾長代理を辞任、星野あいが後任に。 九月、*Pearl Readers* 五巻（開成館、熊本謙次郎と共著）出版。	四月、治安維持法発布。
一九二六	一五（昭和元）	62	一一月、アナ・ハーツホーン、募金行脚を終え帰任。同窓会、学校合同で「津田・ハーツホーン記念基金」十万円の募金開始。	一二月二五日「昭和」と改元。
一九二七	昭和二	63		五月、山東出兵。 一二月、東京・上野間地下鉄開通。
一九二八	三	64	一一月、勲五等に叙せられ、瑞宝章を受ける。 瓜生繁子没。	二月、初の衆議院普通選挙。 三月、日本共産党の大検挙。
一九二九	四		一月、弟純の四男、真を養子とする。 五月、塾を訪問、最後の訪問となる。 七月、鎌倉の別荘に移る。 八月一六日、別荘にて逝去（六四歳八か月）青山墓地に埋葬される。	
一九三二	昭和七		五月、小平新校舎落成式。	五月、五・一五事件。

一九三三	八		一〇月、小平の新校地の東北隅に改葬される。 七月、女子英学塾を津田英学塾と改称。

参考文献にあげた吉川利一、都田豊三郎の著書の年表、*The Writings of Umeko Tsuda* 和文の部の年表（山崎孝子）、及び『近代日本婦人問題年表』を参照して作成した。

参考文献

使用文献のうち、主なもののみを次にあげる。詳しくは左記 *Furuki, Yoshiko. The White Plum* の Bibliography を参照。

1　英　文

●単行本

Bacon, Alice Mabel. *A Japanese Interior*. Boston & New York : Houghton, Mifflin & Co., 1894.

Bacon, Alice Mabel. *Japanese Girls and Women* (1891), revised and enlarged ed. with illustrations by Keishu Takenouchi. Boston & New York : Houghton, Mifflin & Co., 1902.

Duke, Benjamin C., ed. *Ten Great Educators of Modern Japan*. Tokyo : University of Tokyo Press, 1990.

Finch, Edith. *Carey Thomas of Bryn Mawr*. New York & London: Harper & Brothers, 1947.

Furuki, Yoshiko. *The White Plum : A Biography of Ume Tsuda, Pioneer in the Higher Education of Japanese Women*. New York : Weatherhill, 1991.

George, Carol V. R., ed. *"Remember the Ladies" : New Perspectives on Women in American History*. Syracuse, New York : Syracuse U. P., 1975.

Goodsell, Willystine, ed. *Pioneers of Women's Education in the United States*. New York & London : McGraw-Hill Book Co., Inc., 1931.

Griffis, William Elliot. *The Mikado's Empire,* tenth ed., vol.2. New York & London: Harper & Brothers, 1903.

Knox, Katharine McCook. *Surprise Personalities in Georgetown, D.C.* Private printing : 1958.

Lanman, Charles. *The Japanese in America.* New York: University Publishing Co., 1872.

Lanman, Charles. *Haphazard Personalities: Chiefly of Noted Americans.* Boston : Lee and Shepard, 1886.

Mishima, Sumie Seo. *My Narrow Isle : The Story of a Modern Woman in Japan.* New York : The John Day Company, 1941.

Robins-Mowry, Dorothy. *The Hidden Sun : Women of Modern Japan.* Boulder, Colorado : Westview Press, 1983.

Sievers, Sharon L. *Flowers in Salt : The Beginnings of Feminist Consciousness in Modern Japan.* Stanford, California : Stanford U. P., 1983.

The Committee of International Relations, JAUW. *Pioneer Women Educators of Japan : Twenty-Four Leaders of the Century.* Tokyo : The Japanese Association of University Women, 1970.

The United States Education Mission to Japan. *Report of the United States Education Mission to Japan Submitted to the Supreme Commander for the Allied Powers.* Tokyo: 1946.

Tsuda, Umeko. *The Writings of Ume Tsuda,* rev. ed., eds. Yoshiko Furuki et al. (和題『津田梅子文書』, 和文の部, 編集山崎孝子) Tokyo : Tsuda College, 1984.

Tsuda, Umeko. *The Attic Letters : Umeko Tsuda's Correspondence to Her American Mother,* eds. Yoshiko Furuki et al. New York : Weatherhill, 1991.

Whitney, Clara A. N. *Clara's Diary : An American Girl in Meiji Japan,* eds. M. William Steele and Tamiko Ichimata. Tokyo : Kodansha International, 1979.

Woody, Thomas. *A History of Women's Education in the United States,* vol. 1. New York & Lancaster, Penn. : The Science Press, 1929.

●記事

Cockerill, John A. "Preface" to *Agitated Japan* [Translation of Saburo Shimada's *Kaikoku Shimatsu*]. Tokyo : Z.P. Maruya & Co., 1895.

Kozaki, Hiromichi. "Beginning of Christian Ministry," Chapter 3 of *Reminiscences of Seventy Years: The Autobiography of a Japanese Pastor,* English trans. Nariaki Kozaki. Tokyo: Kyobunkan, 1933.

Society of American Authors. "Charles Lanman" in *The American Author,* No. 12 (November 1902).

Tsuda, Ume. "Resumé of a Talk Given by Miss Tsuda at the Opening of the School Work" in *Shin Eigo* [English title : *The Present English*], No. 12 (October, 1900).

●未公刊資料

Ume Tsuda

Letters to Mrs. Lanman, 1882-1911

Journal on her journey from Washington to Tokyo, 1882

Account of Climbing Mt. Fuji

Manuscript of a short novel entitled “Ine” attributed to her authorship

Charles Lanman

Plans for a biography of Ume

Draft of passages to be included in Ume’s biography

Adeline Lanman

Letters to Ume

Anna C. Hartshorne

Letters to Ume

Notes prepared to be added to Ume’s writings

Drawings and sketches

Draft of a brief history of the first forty years of Tsuda College(69 page typescript)

Shige Uriu (nee Nagai)

Letter to Adeline Lanman

Kenichiro Yamakawa

Letter to Charles Lanman

James Stokes

Letters to Ume or Ume and Fude Ogashima

2 和文

●単行本

『上野公園グラント記念樹』池田二郎吉――東京種苗合資会社　一九三九

『幕末維新の研究』石井 孝――吉川弘文館　一九七八

『明治維新と女性の夜明け』講座近代日本の女性のあゆみ 第一巻 絲屋寿雄――汐文社　一九七六

『新時代の知性と行動』図説人物日本の女性像 第十巻 井上靖、児玉幸多編――小学館　一九八〇

『岩倉使節の研究』大久保利謙――宗高書房　一九七六

『津田梅子』大庭みな子――朝日新聞社　一九九〇

『鹿鳴館の貴婦人』久野明子――中央公論社　一九八八

『特命全権大使米欧回覧実記』久米邦武――宗高書房　一九七五

『反古拾日記』第五巻 佐々木高行――東大出版会　一九七四

『教育・宗教』お雇い外国人 第五巻 重久篤太郎――鹿島研究所出版会　一九八二

『近代』日本女性史 第四巻 女性史総合研究会編――東大出版会　一九八二

『未完の明治維新』田中 彰――三省堂　一九七九

『脱亜の明治維新』田中 彰――日本放送出版協会　一九八四

『津田英学塾四十年史』津田英学塾――一九四一

『津田塾六十年史』津田塾大学――一九六〇

『津田塾大学オーラル・ヒストリー』一、二、三号 津田塾大学――一九八一、八二

『津田梅子先生生誕百年記念号』津田塾同窓会――一九六四

『津田仙翁略伝』(私家版) 津田　昇編――一九六三
『新聞集成明治編年史』 中山安政他編――財政経済学会　一九五八
『日本女子大学校四十年史』 日本女子大学校――一九四二
『大君の使節』 芳賀　徹――中央公論社　一九六八
『西洋の衝撃と日本』 講座比較文学　第五巻　芳賀徹他編――東大出版会　一九七三
『我が道』 藤田たき――ドメス出版社　一九七九
『続・我が道』 藤田たき――ドメス出版社　一九八八
『小伝』 星野あい――中央公論事業出版　一九六〇
『教育』 日本婦人問題資料集成　第四巻　三井為太郎編――ドメス出版社　一九七六
『津田仙・明治のキリスト者』(私家版) 都田豊三郎――一九七二
『近代日本婦人問題年表』 日本婦人問題資料集成　第十巻　村岡秀子他編――ドメス出版社　一九八〇
『女二代の記』 山川菊栄集　第九巻　山川菊栄――岩波書店　一九八二
『津田梅子』 山崎孝子――吉川弘文館　一九七二
『津田梅子伝』 改訂版　吉川利一――津田塾同窓会　一九五六

●記　事

「大山侯爵夫人・秘められた手紙」 大庭みな子　『歴史への招待』 日本放送出版協会　一九八四　所収
「トミーという名の日本人」(1)(2) 金井　圓　『国際文化』 100、101号　一九六二　所収
「鹿鳴館で踊った女性たち」 近藤富枝　『NHK歴史ドキュメント』 一九八六　所収

索　引

【人　名】

【事　項】

津田梅子《つだうめこ》■人と思想116　　定価はカバーに表示

1992年11月25日　第1刷発行Ⓒ
2016年8月25日　新装版第1刷発行Ⓒ
2023年2月25日　新装版第3刷発行

・著　者 …………………………………古木宜志子《ふるきよしこ》
・発行者 …………………………………野村　久一郎
・印刷所 …………………………大日本印刷株式会社
・発行所 …………………………株式会社　清水書院

〒102-0072　東京都千代田区飯田橋3-11-6
Tel・03(5213)7151～7
振替口座・00130-3-5283
http://www.shimizushoin.co.jp

検印省略
落丁本・乱丁本は
おとりかえします。

CenturyBooks　　Printed in Japan
ISBN978-4-389-42116-8

Century Books

清水書院の〝センチュリーブックス〟発刊のことば

近年の科学技術の発達は、まことに目覚ましいものがあります。月世界への旅行も、近い将来のこととして、夢ではなくなりました。しかし、一方、人間性は疎外され、文化も、商品化されようとしていることも、否定できません。

いま、人間性の回復をはかり、先人の遺した偉大な文化を継承して、高貴な精神の城を守り、明日への創造に資することは、今世紀に生きる私たちの、重大な責務であると信じます。

私たちがここに、「センチュリーブックス」を刊行いたしますのは、人間形成期にある学生・生徒の諸君、職場にある若い世代に精神の糧を提供し、この責任の一端を果たしたいためであります。

ここに読者諸氏の豊かな人間性を讃えつつご愛読を願います。

一九六七年

清水礼山

SHIMIZU SHOIN